Ukrainische Dämonologie

Überlieferte Ursprünge und kultischer Brauchtum der Hexen und Hexer über das Leben der Toten, der Geister, Werwölfe und Vampire

Malinka A.N. Tschernigow

übersetzt von
Alona Schandrak

<u>Weitere Bücher zu Ukrainischer und Russischer Magie:</u>

Schwarze Magie, Hexerei und die Möglichkeiten der Schwarzen Kunst von Nitibus, Bohmeier Verlag 2000

Hüxtertorallee 37, Tel.: +49 (0) 451-74993 - Fax: +49 (0) 451-74996, Internet-Homepage:** www.magick-pur.de

Gesamtherstellung: Bohmeier Verlag, Printed in Germany

Die ursprüngliche Ausgabe dieses Buches erschien 1886 und wurde von Malinka A.N. Tschernigow zusammengestellt.

ISBN 3-89094-346-2

Ukrainische Dämonologie

Überlieferte Ursprünge und kultischer Brauchtum der Hexen und Hexer über das Leben der Toten, der Geister, Werwölfe und Vampire

Malinka A.N. Tschernigow

übersetzt von
Alona Schandrak

Inhaltsverzeichnis

Vorwort des Verlages

Dieses Buch ist wirklich eine sehr ungewöhnliche Schrift: Es entstand 1886 durch Malinka A. N. Tschernigow und ist - wie könnte es anders sein - natürlich ein Kind seiner Zeit, zumal es eine Dämonologie vermittelt, die wie unschwer zu erkennen, noch viel älter ist.

Als man uns das Buch anbot, dachten wir nach dem ersten Eindruck, sogar zuerst an ein Sagenbuch, bis Alona, die Übersetzerin, uns - fast ein wenig pikiert - erläuterte, dass dies Buch genau die Formen der Magie beschreibt, wie sie in der Ukraine seit Urzeiten benutzt werden. Die „Ukrainische Dämonologie“ ist eine Aufstellung der Wesen und Geister (die ursprünglich einem Totenkult entspringen) und beschreibt die Lebensformen dieser und deren Umgang mit den Menschen. Es handelt von dem Leben der Toten die immer noch in unserer materiellen Welt leben, es handelt von den verschiedenen Geistern, den Werwölfen und Vampiren, und von den Hexen und Hexern und von den ganz *normalen Menschen* die mit ihnen leben. Es beschreibt die Regeln, wie ein Zusammenleben möglich ist und natürlich die dazugehörigen Schutz- und Schadenszaubereien.

Wenn man es recht bedenkt, zeigt sich darin sogar eine sehr interessante Weltsicht, in der Magie im Alltag gelebt wird und dies tagtäglich, rund um die Uhr. Es sind magische Erscheinungen die ihnen immer und überall in ihrem Alltag begegnen können (und werden). Selbst alle Verstorbenen werden dabei mit einbezogen und so ist es vollkommen normal, wenn Tote wieder auferstehen und ihre Verwandten besuchen. Aber selbst wenn sie dies nicht wünschen, so erfahren sie hier auch was sie tun müssen um sich dagegen schützen können.

Die Terminologie des Buches ist manchmal nicht ganz einfach. Deshalb haben wir uns erlaubt, dort wo dies unseres Erachtens die alten Texte erläuterte, einige Fußnoten einzufügen (die fast alle von Verlag sind).

Aber nun wünschen wir Ihnen viel Vergnügen,
Bohmeier Verlag, September 2001

Vorwort: Von den Toten und was man zuvor Wissen sollte

Vor vielen Jahrhunderten, als man die Bedeutung des Todes noch nicht verstehen konnte, unterschieden die Menschen den Tod nicht von anderen ihm ähnlich scheinenden Bewusstseinszuständen wie zum Beispiel dem Schlaf, dem Starrkrampf und der Ohnmacht. Deshalb versuchten sie einen toten Menschen durch Stiche, Schläge, durch Vorwürfe und Bitten, oder durch Flehen wieder zu erwecken. Die Menschen versorgten einen Toten weiter mit Essen und Trinken.[1] Aber die Menschen hinterließen einem Toten im Sarg nicht nur Essen und Trinken, sondern auch verschiedene Sachen die ihm zu seinen Lebzeiten gehörten, so wie Bekleidung, Waffen, Geschirr und manchmal auch Tiere, sowie Frauen und Sklaven.

Nach dem Volksglauben existieren die Toten in unserer realen Welt, aber sie sehen mehr oder minder anders aus. Ein Toter verkehrt immer eng mit seiner Familie, mit seinen Verwandten und mit der materiellen Welt. Aber die Toten haben nur bestimmte Zeiten und bestimmte Jahreszeiten, um in die reale Welt zu kommen und sie verkehren dann nur mit bestimmten Personen.

Nach dem ukrainischen Volksglauben sammeln sich die Toten in der Karwoche[2] am Donnerstag[3] in der Kirche. Der Kardonnerstag ist der Tag der Frühjahrsreinigung. Vor dem Sonnenaufgang macht man in Ställen, Scheunen, Häusern und auf den Höfen sauber: alles soll sauber und festlich aussehen. Im Garten und im Gemüsegarten harkt man die vorjährigen Baumblätter und die Unkräuter zusammen und verbrennt diese. Auf diese Weise reinigt man die Erde von dem Frost, dem Winter, dem Tod und den bösen Geistern. Dazu benutzt man verschiedene, bestimmte Zaubersprüche. Einer von diesen ist: „Der Tod, der Tod! Gehe in die Wälder, gehe in das Unbekannte, gehe in die Meere. Der Frost! Du bist groß und kahl. Komm zu uns aus deiner Scheune nicht. Der Tod mit dem Frost tanzten, tanzten und sangen, und dann gingen sie hinweg".

Es gibt den Volksglauben, dass ein Rabe vor dem Sonnenaufgang am einem Kardonnerstag seine Kinder an den Fluss bringt und sie im Wasser badet. Wer aber früher als die Rabenkinder im Fluss badet, der wird das ganze Jahr gesund bleiben, oder werden. Deshalb baden die kranken Men-

---

1 So erscheint der Brauch, das Essen und das Trinken im Sarg beim Toten zu lassen, und nach dem Leichenbegräbnis eine üppige Bewirtung für die Hinterbliebenen zu bereiten.

2 Karwoche [althochdeutsch kara, „Klage"] Stille Woche, Heilige Woche, Woche zwischen Palmsonntag und Ostern, dem Gedächtnis des Leidens Christi gewidmet.

3 Man nennt diesen Tag deshalb, *Kardonnerstag* und *Ostern der Toten*.

schen in der Nacht im Fluss, noch vor Tagesanbruch, um sich von ihren Krankheiten zu „reinigen". Nach dem Baden füllt der Kranke dann einen Eimer mit dem Flusswasser und bringt dieses Wasser an einen Kreuzweg und gießt das Wasser hier aus, damit die Krankheiten weggehen und im Boden bleiben. Manchmal spricht man dazu: „Herr, Jesus Christi! Der Kreuzweg! Gib, Herr, die Gesundheit in meine Hände, in meine Beine und in meinen Bauch!" Die besonders vorsichtigen Menschen gehen an diesem Morgen nicht aus ihren Häusern und wenn sie in dieser Zeit doch unterwegs sind, gehen sie an den Kreuzwegen vorbei, um nicht von den Krankheiten (der anderen) befallen zu werden.

Am Abend des Kardonnerstag gehen alle Menschen in die Kirche, wo der Geistliche das Evangelium liest. In dieser Zeit ist es überall still und ruhig, man darf nicht lachen, singen und laut sprechen. Wenn man in der Kirche beim Lesen des Evangeliums ist, darf man nicht schlummern und soll zuhören, andernfalls kommen die bösen Geister und nehmen einen in die Hölle mit. Wenn die Menschen aus der Kirche nach hause gehen, nehmen sie die angezündeten „Karkerzen" mit. Sie versuchen die Kerzen so zu tragen, dass sie nicht verlöschen. Dafür machen die Menschen kleine Laternen aus farbigem Papier oder Glas. Man kann dann blaue, rote, grüne Laternen in Form von Sternen, dem Mond oder der Kirche sehen.

Mit der (rußenden) Kerzenflamme „zeichnet" man dann ein Kreuz auf die Decke eines Zimmers, denn dieses Kreuz schützt das Haus vor den bösen Geistern. Das Kreuz bleibt sechs Wochen lang auf der Decke. Wenn man mit der Kerzenflamme ein Kreuz aufs Tor „zeichnet", dann kann keine Hexenhündin auf den Hof eindringen. In dem Karkerzenlicht kann man auch einen Hausgeist sehen.

In einigen Orten der Ukraine nennt man den Kardonnerstag nicht nur „Ostern der Toten", sondern auch „Naikyostern". An diesem Tag veranstalten die Toten einen Gottesdienst und bereuen ihre Sünden. In dieser Zeit haben sie keine Angst vor dem Kreuz und vor den Gebeten der Menschen und wenn sie einen Mensch treffen oder sehen, können sie ihn erwürgen. Am Kardonnerstag um Mitternacht kommen die Toten aus den Gräbern heraus und gehen an die Kirche. Dort sammeln Sie sich und umstellen diese. Dann kommt ein verstorbener Geistlicher und liest Gebete, durch welche sich die Kirchentür öffnet und die Toten können nun in die Kirche hinein treten. Dort beginnt dann der tote Geistliche den Gottesdienst. Sobald dieser zuende ist, gehen alle Toten aus der Kirche heraus und stellen sich wieder vor die Tür; dort liest der Geistliche erneut ein Gebet und die Tür schließt sich. Danach gehen die Toten auf den Friedhof und legen sich wieder in ihre Gräber.

Das kann man auch bei folgender Erzählung sehen, die eine alte Frau uns erzählt hat: „Am Donnerstag, der in der Karwoche war, aß ein Mann sein Abendbrot und als es Mitternacht war, ging er aus dem Haus. Er sah, dass es in der Kirche schummrig leuchtete. ‚Ich sollte gehen und nachsehen, was dort passiert ist'. Er ging näher und trat in die Kirche ein wo er Tote vorfand die zu im sagten: ‚Gib uns, was du zum Abendbrot hattest'. Zuerst erschrak er und antwortete dann: ‚Ich gebe euch die Speisen nicht hier. Kommt mit mir auf den Friedhof und dort teile ich das Essen mit euch'. Er führte die Toten und auf dem Friedhof sagte: ‚Setzt euch – kleine zu kleinen, große zu großen'. Sie setzten und sortierten sich solange, bis es tagte und sie den ersten Hahnenschrei hörten. Danach mussten sie sofort in ihre Gräber zurückgehen".

Die Toten zeigen sich auch direkt zu Ostern. Die Toten kommen am Morgen in die Kirche und bleiben solange dort bis ein Geistlicher das Gebet zu lesen anfängt. Dann gehen sie wieder heraus und verschwinden.

Nach dem ukrainischen Volksglauben erstehen die Toten zu Ostern auf, jedoch sind sie oft auch unsichtbar. Sie gehen in die Kirche und besuchen dann ihre Verwandten. Bei ihren Verwandten bleiben sie bis zum Abschiedsmontag (so nennt man den ersten Montag nach Ostern). An diesem Tag (oder an anderem Tag in dieser Woche) gehen die Verwandten eines toten Menschen auf den Friedhof und beten für ihn. Am Grab lassen sie verschiedene Speisen, meistens Osterkuchen und kleine Süßigkeiten zurück, damit der Tote etwas zu Essen hat. Die Toten sind auch am Tag vor Weihnachten und zum Leichenschmaus anwesend.

Es gibt auch Tote, die unabhängig von den Feiertagen und vom Leichenschmaus im Diesseits andere Menschen besuchen können. Die Tote waren zuvor im Leben verfluchte: Zauberer, Hexen, Ketzer, Gottesleugner, Werwölfe oder Selbstmörder. Eine tote junge Frau, die zu ihren Lebzeiten Gottesleugnerin war, kam zum Beispiel jede Nacht aus dem Grab heraus und weinte bitterlich. Die Kinder, die zum Beispiel von ihren Eltern verflucht wurden, können später oft keine Ruhe im Jenseits finden. So ein verfluchtes Mädchen erschrak nachts die Passanten. So geschehen bei den Saporogen[4] sollte einem toten Sohn des Popen den ganzen Winter über Essen gegeben werden, weil seine Mutter ihn vor seiner Geburt verflucht hatte.

Die Eltern, die ihre Kinder verfluchen, können sich im Grab aber auch nicht beruhigen. So wird allgemein gesagt: „Die Eltern, die ihre Kinder verflucht haben, gehen jede Nacht in den Schweinestall und lecken einen Trog." In den Schweinestall gehen aber auch diejenigen der Toten, an die im Gottesdienst nicht gedacht worden war. Von einer Frau habe ich gehört, dass ein Mädchen nach dem Tod ein ganzes Jahr als Söldling arbeitete, um sich den Leichenschmaus zu verdienen.

Natürlich mögen die Menschen es nicht, wenn die Toten sie besuchen, deshalb wollen sie sich im Allgemeinen vor dergleichen Besuchern schützen.

Die ukrainischen Menschen bestreuen deshalb den Fußboden mit Russ, um zu erfahren, ob die Toten ihre Häuser besuchen. Wenn diese dann Spuren im Ruß[5] hinterließen, also wenn man sicher weiß, dass ein Toter ein Haus besucht, nimmt man eine Garbe[6], die zu Weihnachten gebunden worden war und mit den Garbenkörnern bestreut und räuchert man das Haus aus. An die Fenster legt man ein Stück Eisen. Damit ein Toter nicht ins Haus eintreten kann, soll ein zwölfjähriges Mädchen ein sehr langes Tuch weben. Mit diesem umwickelt man dann das ganze Haus. Und damit ein Selbstmörder gar nicht erst nicht aus dem Grab herauskommen kann, legt man auf sein Grab viele Zweige.[7]

In einigen ukrainischen Dörfern legt man auch einen Stein auf die Brust des toten Menschen (denn man denkt, dass die Seele des Toten sich hier befindet). Einige Menschen schlagen die Seele auch mit einem Nagel oder mit einem Pfahl[8] an. In einem Dorf wurde ein Mann mit dem Gesicht nach unten in den Sarg gelegt und in einem anderem Dorf haben die Menschen einem Toten die Hände gefesselt, damit er nicht aufstehen kann.

Man sagt, dass das beste Mittel ist, einen Toten mit dem Espenpfahl durchzuschlagen. In einigen Dörfern macht man den Sargdeckel auch aus Espenholz.

---

4 Saporogen sind die Angehörigen der Saporoger Setsch, einer befestigten Kosakensiedlung bei Choritza am Dnepr.

5 Einfacher feiner Sand ist auch möglich.

6 Eine Garbe ist eine gebündelte Menge geschnittener Getreidehalme.

7 Vielleicht eine interessante Erklärung für die Entstehung von „Grabschmuck".

8 Was natürlich stark an die Art erinnert wie in den *üblichen* Filmen Vampire getötet werden. Vermutlich aber. ist diese Sitte, die Seelen ans Grab zu binden der ursprüngliche Brauch.

Man versucht sich auch zu schützen, solange ein Toter noch zu Hause liegt.[9] In einigen Dörfern bindet man die Toten mit einem Strick an eine Bank (oder an das Brett worauf er zur Totenwache liegt). Danach beschlägt man den Sarg mit Metall.

Zur Erläuterung hier eine verbürgte kurze Geschichte darüber: „Am späten Abend fuhren zwei Männer durch ein Dorf, mit dem Ziel in diesem Dorf irgendwo zu übernachten. Sie sahen ein kleines Haus und traten ein. Im Haus war niemand, - nur ein Toter lag auf der Bank, aber auf dem Tisch standen Wodka und Brot. Einer der Männer sagte: ‚Ich habe Angst, lass uns lieber wieder gehen', aber der andere antwortete: ‚Ich habe keine. Ich weiß, was wir tun müssen'. So nahm er den Zügel und band den Toten damit an die Bank. Um Mitternacht wollte der Tote aufstehen, und er versuchte sich zu befreien, dabei zerbrach zwar die Bank, aber er konnte sich nicht befreien".

Man ergreift oben beschriebene Vorsichtsmassnahmen, weil die Toten den Lebenden nicht nur viel Schaden zufügen können, sondern den schlafenden Menschen auch das Blut aussaugen können. Einige Menschen sagen, dass einige Tote sogar in der Lage sind die Herzen aus den Menschen herausziehen um sie zu essen und dass insbesondere die toten Hexen das Blut aus den Kindern aussaugen. „Wenn eine Mutter ihr Kind, die Fenster, die Türe und die Wiege nicht bekreuzigt, kann ein Toter kommen und das Blut aus dem Kindsfinger saugen, - danach stirbt das Kind".

In vielen Volkserzählungen finden wir, dass die Toten versuchen die Menschen umzubringen, wenn diese nicht aufpassen.[10] So gelang es einer Frau, sich vor einem Toten nur dadurch zu erretten, indem sie ihn unterhielt und ihm die ganze Nacht verschiedene Geschichten erzählte. Auf die gleiche Weise errette sich eine Frau, die auf ihre gestorbene Schwester aufpasste. Und ein junger Mann soll auf diese Art und Weise drei Nächte gegen seinen toten Onkel gekämpft haben.

---

9 Die „Totenwache", deren Dauer meist drei Tage und Nächte dauerte, fand statt in der Zeit der *Totenstarre* (Muskelerstarren nach dem Tod durch Anhäufung von Metaboliten durch den Stillstand der Blutzirkulation) die nach den ersten Stunden nach dem Tode beginnt und sich in etwa 8 Stunden auf den gesamten Körper ausbreitet. Je nach Temperatur erschlafft die Muskulatur wieder nach 2 bis 5 Tagen. Während dieser Zeit (zwischen dem Individualtod und Tod der letzten Zelle, kommt es zu supravitalen Erscheinungen) kann es zu *unwillkürlichen* Bewegungen des Leichnams kommen, die für die damalige Zeit natürlich vollkommen unerklärlich waren.

10 Nach den ukrainischen Bräuchen soll ein gestorbener Mensch einige Nächte bis zum Beerdigung in seinem Haus bleiben. In diesen Nächten soll einer von den Verwandten bei ihm sitzen und auf ihn aufpassen. Man sagt, dass die Seele des Toten sich in dieser Zeit im Haus befindet.

Insbesondere die Gräber der Toten die von einem Geistlichen weder geweiht und auch nicht „versiegelt" worden sind, können den Lebenden besonders viel Schaden zufügen. So kam ein gestorbener Mann aus seinem Grab heraus, besuchte einige Häuser, brachte diese Häuser in Unordnung und löschte die Flamme im Ofen aus. Eine andere Tote, eine Frau, warf die Möbelstücke und das Geschirr in ihrem Haus durcheinander. Nach dem Volksglauben kann ein Toter sogar die Pest und die Dürre heraufbeschwören. Deshalb versammelten sich in einem Dürrejahr die Bauern eines Dorfes auf dem Friedhof und begossen in der Nacht das Grab eines toten Mannes, der sich erhängt hatte. Sie ziehen das Kreuz aus dem Grab und gießen das Wasser durch eben dieses Loch, damit das Wasser den Selbstmörder schneller erreicht und dadurch den Regen hervorruft. Sie dachten, dies würde helfen die Dürre abzuwenden und den Regen bringen.

Der Glaube, dass die materielle Existenz der Menschen nach dem Tod bestehen bleibt, führt nicht nur zu dem Brauchtum dem Toten Essen und Trinken im Sarg zu hinterlassen, sondern auch zu verschiedenen Erzählungen über nächtliche Erscheinungen von Toten die unterwegs sind um etwas zu essen und zu trinken zu finden. So soll man einem Toten eine reichliche Bewirtung zubereiten, weil diese einen übernatürlichen Appetit haben. In einer Erzählung finden wir, dass ein Toter zwei Eimer Wodka trinken und acht Eimer Nahrung essen kann.

Erinnern wir uns auch an den uralten Brauch, als die Frauen noch zusammen mit ihren verstorbenen Männern beerdigt wurden. Die Spuren dieses Brauchs finden wir auch heutzutage, wenn eine Frau ihren verstorbenen Mann beweint, denn dabei wird oft gesprochen: „Ei, lass mich zu dir in die feuchte Erde kommen. Ei, nimm und drücke mich an deine Brust! Gehe und nimm mich mit!" Daraus folgen verschiedene Erzählungen über tote Männer, die ihre Witwen besuchen. Das passiert aber nur dann, wenn die Frauen über das versterben ihrer Männer sehr traurig sind. Hier ein Beispiel: „Ein Ehemann war in den Krieg gezogen und wurde umgebracht. Seine Frau war bei seiner Beerdigung nicht anwesend und sie wusste auch nicht, wo sein Grab war. Dann sagte Sie einmal: ‚Wenn ich doch nur meinen Mann sehen könnte'. In der Nacht kam er zu ihr und fragte: ‚Willst du mich wirklich sehen?' Sie erschrak und nahm ihr Kind in die Hände. Er wollte näher kommen, aber blieb dann doch stehen und sagte: ‚Nun ist deine Seele errettet. Wenn du diesen Engel nicht in die Hände nehmen würdest, dann würdest du mich sehen, und was mein Besuch bringen könnte und was ich mit dir machen würde'. Nach diesen Wörtern ging er weg".

Nach dem belorussischen Volksglauben kommen die verstorbenen Ehemänner zu ihren Witwen, um diesen im Haushalt zu helfen, aber danach bringen sie die Frauen dann um. Diese diesseitigen Besuche sind sehr gefährlich, denn der Teufel selbst kann die Traurigkeit der Witwen ausnutzen und erscheint den Frauen dann in der Nacht in Gestalt von ihren Männern.

Gemeinsam mit dem Brauch die Ehefrauen mit ihren Männern zu beerdigen, existierte früher noch ein anderer Brauch: die ledigen Männer die gestorbenen waren, wurden nachträglich noch verheiratet: Dafür gibt es ein Beispiel, als ein gestorbener russischer Kaufmann zusammen mit einer Frau verbrannt wurde, welche kurz vor der Verbrennung erdrosselt wurde. Das war – die Hochzeit nach dem Tod. Es gibt auch ein ukrainisches Volkslied über eine Frau, die bittet, zusammen mit ihrem geliebten Kozak begraben zu sein. Es gibt fast unzählige Erzählungen über tote Männer, die mit ihren lebendigen Bräuten in die Nacht reiten.

Es gibt natürlich auch Geschichten über verstorbene Mütter, die ihren Mutterinstinkt nach dem Tod zeigen indem sie ihre verlassenen Kinder besuchen. In einem Bericht kommt eine Mutter jede Nacht zu ihrem kleinen Sohn, um ihm das Essen zu geben, ihn zu kämmen und seine Bettwäsche zu wechseln. Die Beziehungen zwischen toten Müttern und erwachsenen Kindern sind komplizierter als die mit Säuglingen. Manchmal ärgern sich die Mütter und sind aggressiv, in diesem Zustand können sie ihren Kindern viel Schaden zufügen.

Die Erzählungen über die Beziehung zwischen einem Vater und seiner Tochter kommen dagegen selten vor, und diese Beziehungen sind meist nur mit dem Haushalt und mit dem Gut verbunden. Die Väter kommen, um Rat zu geben und um zu schalten und zu walten. So besuchte zum Beispiel ein toter Mann seinen Bienenstock und passte auf ihn auf.

Die Toten sind zudem sehr strenge Darlehensgeber. Ein Toter besuchte seinen Schuldner 30 Jahre lang, bis dieser Mensch das geborgte Geld endlich auf sein Grab legte. Außerdem verfolgen die Toten diejenigen Menschen, die ihre Sachen genommen haben. Ein Toter forderte von einem Soldaten seine Stiefel solange zurück, bis er diese dem Toten zurückgab. Eine junge Frau nahm einem Toten seine Mütze weg, und als sie ihm diese endlich zurückgab, zerfleischte er die Frau. Das Besitzergefühl der Toten geht manchmal bis zur Kleinigkeit: „Eine alte Frau ging auf den Friedhof und nahm ein bisschen Lehm von einem Grab, um ihre Lehmhütte auszubessern. In der Nacht kam der Tote zu ihr und sagte: ‚Gib mir meinen Lehm zurück!' – ‚Aber der Lehm ist alle. Ich habe ihn für Ausbesserungen benutzt'. Der Tote antwortete darauf: ‚Das geht mich nichts an. Der Lehm ist mein, aber nicht dein. Du darfst ihn nicht nehmen'. Aber sie fand, dass ein bisschen Lehm im Topf zurück geblieben war. Sie brachte ihn auf den Friedhof und schüttelte ihn auf dem Grab des Toten aus. In der Nacht kam der Tote trotzdem wieder: ‚Gib mir meinen Lehm zurück. Es ist noch Lehm bei dir geblieben'. Am nächsten Tag hobelte sie den Lehm von ihrer Hütte ab, den sie vom Grab mitgenommen hat, und brachte ihn auf den Friedhof. Der Tote kam nie wieder".

So sehen wir, dass die Toten existieren und wie die lebendigen Menschen handeln. Sie haben Kraft, Wünsche, Gefühle und Bedürfnisse, die sie oft auch zu ihren Lebzeiten hatten, oft aber auch ein bisschen verändert und oft übertrieben. Diese Vorstellungen sind sehr wichtig in der ukrainischen Dämonologie, weil umherziehende Tote der ursprüngliche und wesentliche Typ des dämonischen Wesens ist.

Die Nixen

Die Nixen sind die ertrunkenen Mädchen und jene Mädchen die zu Pfingsten (am Pfingstsonntag) verstorben sind. Diese Nixen werden dann zu den Frauen der Wassermänner. Wenn es einem Menschen gelingt, eine Nixe zu fangen, hilft sie ihm im Haushalt und steht bei diesem Menschen ein Jahr lang im Dienst. Nixen wohnen auf dem Flussgrund in den wunderbaren Sälen des Wassers. Wenn nachts der Mond aufgeht, kommen die Nixen ans Ufer und singen schöne bezaubernde Lieder. Ein Mensch, der diese Lieder hört, kommt diesem Ufer dann unbewusst näher: dann fassen die Nixen ihn und kitzeln ihn bis in den Tod. Nixen sind im Allgemeinen sehr hübsch. Wenn sie ans Ufer kommen, setzen sie sich ins Gras, kämmen ihre Haare und manchmal tanzen sie auch.

Die meisten Erzählungen die es in der Ukraine gibt, berichten über Nixenkinder. Zu diesen Nixen gehören die totgeborenen und ungetauften Kinder, und auch die Kinder, die von ihren Müttern umgebracht worden sind. Nach dem Volksglauben verwandeln sich die ungetauften Kinder, erst sieben Jahren nach ihrem Tod in Nixen. In Volkserzählungen finden wir folgende Beschreibungen der jenseitigen Nixenexistenz: „Es ist dunkel der Nixe Jenseits. Ihre Seele fliegt wie ein Vogel und kann keine Ruhe und keine Zuflucht finden. Sie weint, denn ihre Mutter konnte sie nicht schützen. Nur zu Festen, wenn Gott die Nixen sammelt, wird es ihnen ein bisschen heller. In anderer Zeit ist es ihnen immer dunkel."

Die Nixen erscheinen in der grünen Weihnachtszeit: die Woche vor dem Pfingstsonntag nennt man deshalb die Nixenwoche oder die „Grünen Weihnachten". Die Nixen zeigen sich am Pfingstsonntag. Die jungen Frauen tragen an diesen Tagen Levisticum officinale Koch[11] bei sich, damit die Nixen sie nicht bis in den Tod kitzeln. In der Nixenwoche am Donnerstag ist das Ostern der Nixen. An diesem Tag arbeitet man nicht, um die Nixen nicht zu beleidigen und die ganze Woche badet man nicht allein im Freien (im Fluss). Die Eltern erlauben ihren Kindern überhaupt nicht, im Fluss zu baden. Zu Nixenostern sammeln die Frauen, deren Kinder ungetauft gestorben sind, die Kinder der Nachbarn und bewirten diese mit kleinen Pasteten, Kuchen und Kringeln. Das Nixenostern nennt man auch noch „der

---

[11] Gemeint ist: Liebstöckel (Botanischer Name: Levisticum officinale KOCH). Der Name kommt von Ligustrum Levisticum - lat. libusticum ligusticum = Kraut aus Ligurien (Region in Norditalien). Erstmals erwähnt wird Liebstöckl um 800 und wird im Allgemeinen (bei Lungenschmerzen und Wassersucht) als heilendes Kraut erwähnt.
Weitere Infos auch unter: http://www.zauber-pflanzen.de/levistic.htm

trockene Donnerstag", denn die Nixen dürfen an diesem Tag ans Ufer gehen, und können deshalb trocken werden, an allen anderen Tagen sollen sie unter Wasser bleiben.

An diesen Tagen kann man die Nixen also beobachten: ihre Aufenthaltsorte, ihr Aussehen und ihre Verwandlung. In einigen Berichten finden wir, dass die Nixen eine „Obernixe" haben. Diese Nixe führt die anderen auf eine Insel und in die Sümpfe, in die Felder und Wälder. Meistens befinden sich die Nixen im Wasser: hier baden sie, laufen und schreien wie Katzen. Sie mögen das stehende Wasser und seichte stille Flüsse. Nixen haben entweder einen bläulichen oder dunklen Körper. Sehr oft kleiden sie sich in rot. Manchmal verwandeln sich die Nixen auch in kleine Tiere, z.B. in Katzen und Frösche.

Nixen teilen sich in zwei „Gruppen": es gibt Nixen, die Namen haben und die die keine Namen haben. Die Kinder, die zu ihren Lebzeiten von ihren Eltern benannt worden waren, sind die Benannten Nixen. Kinder, die keinen Namen durch ihre Mutter erhielten, sind die Namenlosen Nixen. Die Benannten Nixen sehen wie kleine hübsche Mädchen aus, die Namenlosen sehen auch wie kleine Mädchen aus, aber sie sind hässlich und kahlköpfig. Alle diese Kinder wohnen unter Wasser, und wenn eine bestimmte Zeit kommt (nach einigen Jahren), „heben sich" die Benannten Nixen in den Himmel aber die Namenlosen bleiben unter Wasser bis zum Jüngsten Gericht. Während der Zeit, in der sie zusammen unter Wasser wohnen, verprügeln die Benannten Nixen die Namenlosen immer und sagen: „Ihre Väter sind verdammt, ihre Mütter sind verdammt! Ihre Eltern haben sie geboren und nicht genannt". Zu ihrem Fest, am 10. Mai, gehen sie aus dem Wasser heraus, laufen über das Feld, erschrecken die Menschen und wenn sie jemanden ergreifen, kitzeln sie ihn bis in den Tod. Am 6. Juli am Tag vor dem Iwan Kupalo Fest[12] machen die Nixen ein Lagerfeuer am Fluss und

---

[12] **Das Fest Iwan Kupalo** begeht man am 7. Juli, dem Tag der Sonnenwende. Als ein Volksfest hat der Iwan Kupalo Tag viele eigenartige Bräuche und Lieder.
In einigen alten Quellen charakterisiert man Kupalo, als den Gott der Unzucht und der Erdfrüchte. Diesem Gott brachte man das Getreide zum Opfer – die wichtigste Frucht der Erde.
Dieses Fest wird in vielen Büchern von verschiedenen Autoren beschrieben. Wir schlagen Ihnen hier nur einige von diesen vor. Ein polnischer Botaniker Martin beschrieb, auf welche Weise man im 16. Jahrhundert dieses Fest beging. *„Die jungen Mädchen brachten zum Opfer dem Gott Kupalo die Blumen und Kräuter; sie banden die Kränze und machten sich mit diesen Kränzen schön. An diesem teuflischen Tag machte man viele Lagerfeuer, damit das Fest wirklich teuflisch wäre und damit die Dämonen an dem Fest teilnehmen würden. Bei diesem Fest betet man zum Teufel und preist ihn durch verschiedene teuflische Lieder. Gott vergisst man an diesem Tag. Am Kupalo Tag besuchte niemand die Kirche, denn alle Menschen verbrachten die Zeit mit dem Teufel und trieben Unfug. Bevor man das Feuer anmachte, gingen die jungen Frauen aufs Feld und sammelten ver-*

schiedene Kräuter: an diesem Tag hatten die Kräuter Zauberkraft. Die wichtigsten Kräuter waren: Hypericum perforatum (Johanniskraut), Arctium tomantosum (Klette), Thymus serpyllum (Feldthymian), Verbascum thapsus (Königskerze). Von diesen Kräutern banden sich die Mädchen Kränze und ließen diese dann im flachen Wasser schwimmen. Damit sagten sie wahr: Wessen Kranz versank, dieses Mädchen würde im folgenden Jahr nicht heirateten. Danach nahmen die Mädchen ihre Kränze mit und nach einiger Zeit weihten Sie in später in der Kirche, diese Kränze bewahrte man ein ganzes Jahr zu Hause auf. Wenn jemand krank wurde, kochte man aus diesen Kräutern einen Absud denn dieser Absud half bei verschiedenen Krankheiten".

Eine andere Beschreibung des Festes geht so: Von alters her beging man in der Ukraine das Iwan Kupalo Fest. Die Jungen und Mädchen gingen aus dem Dorf, fröhliche Lieder singend, heraus. Sie gingen entweder in den Wald oder an den Fluss, wo sie ein Lagerfeuer machten, ums Lagerfeuer herum tanzten und über die Flamme sprangen. Die Mädchen sangen Zauberlieder und sagten wahr. Morgens, vor dem Sonnenaufgang, wuschen die Frauen sich mit dem Tau, weil sie dachten, dass man auf diese Weise schöner werden konnte.

Die **Hauptsymbole des Festes** sind „Kupalo" und „Marena", die man in verschiedenen Orten der Ukraine auf verschiedene Weisen bereitet. In einigen Orten machen die Mädchen einen „Kupalo" aus einem Weidenzweig: sie nehmen einen Weidenzweig, verzieren ihn mit den Blumen und Kränzen. Dann stechen die Mädchen den „Kupalo" in den Erdboden ein, tanzen einen Reigen um ihn herum und singen. Die Frauen und Männer gehen auch zu diesem Fest, aber sie nehmen nicht an dem Singen teil. Die Jungen werfen die Blumen auf die Pfade, wo die Mädchen spazieren gehen. Nach einiger Zeit, während die Mädchen sich müde tanzen und singen, reißen die Jungen die Blumen vom „Kupalo" ab, und werfen den Weidenzweig ins Wasser. Dann machen die Jungen ein Lagerfeuer und alle, die bei dem Fest anwesend sind, springen über das Feuer. Wenn die Menschen zu diesem Fest gehen, bringen die Frauen und die Mädchen verschiedene Speisen, und die Jungen und die Männer Wodka mit. Sie lassen sich's beim Feuer schmecken und dann tanzen sie.

In anderen Orten sammeln sich die Mädchen am Abend vor dem Iwan Kupalo Fest (am 6. Juli) auf einem bestimmten Platz und binden die Kränze von folgenden Kräutern: Tanacetum balsamita, Levisticum officinale, Dianthus, Artemisia compestris, Delphinium consolida, Vinca minor, Ocimum basilikum, Mentha piperita, Ruta graveolens, Reseda odorata. Mit diesen Kräutern und Blumen schmucken die Mädchen die Mützen ihrer Jungen. Zum Iwan Kupalo Fest, wenn die Jungen und die Mädchen sich sammeln, machen sie einen „Kupalo" und eine „Marena". Sie nehmen einen Kirschzweig und stechen ihn in den Erdboden – das ist eine „Marena". Dann machen sie einen Strohmann, ziehen sie ihm ein Damenhemd an, schmücken ihn mit bunten Bändern und Halsschmuck, - das ist ein „Kupalo". Sie stellen den „Kupalo" zu der „Marena" und sie legen Stroh und Brennnessel um den „Kupalo". Dann zünden sie ihn an, und wenn er zu brennen beginnt, fassen sich die Jungen und die Mädchen an den Händen, springen über das Feuer, tanzen und singen. Wenn die Mädchen sich müde tanzen, nehmen sie die „Marena", gehen an den Fluss, wo sie schwimmen und die „Marena" versenken. Die alten Frauen sagen, dass man nicht zusammen mit der „Marena" im Wasser sein soll, denn sobald die „Marena" versinkt, macht sich der Wind auf, was bedeutet, dass die bösen Geister herauskommen, um die „Marena" mitzunehmen, denn die „Marena" stünde der die Obernixe zu.

Man sagt auch, dass die Hexen in der Nacht, wenn alle Jungen und Mädchen nach Hause gegangen sind, an die Stelle, wo die „Marena" stand, kommen. Sie sammeln dann die Blätter, die von der „Marena" herabgefallen sind denn diese Blätter können jede Krankheit heilen.

Wenn die „Marena" versenkt ist und „Kupalo" verbrannt ist, laufen die Mädchen weg, um wahrzusagen: üblicherweise passiert das bei tiefer Nacht. Die Mädchen nehmen die Kerzen, die sie im Voraus vorbereitet haben, zünden diese an und befestigen an ihren Kränzen. Dann lassen sie die Kränze im Wasser schwimmen. Man kann in der dunklen Kupalo Nacht sehen, dass viele Kränze mit den kleinen goldfarbigen Feuern über stilles Wasser schwimmen und das Schicksal der Mädchen prophezeien. *„Als wir jung waren, ließen wir unsere Kränze im Wasser schwimmen. Das machten wir in der Nacht zum Iwan Kupalo Fest. Wir zündeten die Kerzen an, befestigten diese an Kränzen, und die Kränze schwammen über das Wasser. Es gibt eine Wahrsagerei: wenn ein Kranz* springen über das Feuer. Die Namenlosen laufen ans Feuer heran, fassen die Asche aus dem Feuer und bestreuen ihre Köpfe, dadurch sie sich erhoffen, dass ihre Haare wachsen.

Die Nixen hindern die Fischer am fischen und stören die Menschen bei der Arbeit; sie verjagen und erschrecken die Menschen, die in der Nähe arbeiten und manchmal passiert es, dass Menschen vor Furcht sogar sterben. Einige Menschen beschreiben die Nixen auf folgende Weise: sie sind nackt, mit langen losgeflochtenen Haaren und grünen Augen.

Hier ist ein Nixenlied, das aufgeschrieben wurde. Dieses Lied singen die Nixen, wenn sie aus dem Wasser herauskommen.

„Wasche Bein an Bein nicht,
Siebe das Mehl durch das Sieb nicht,
Uff, uff, der Strohgeruch!
Als meine Mutter mich geboren hat,
Hat sie mich ungetauft gelegt".

---

gut schwimmt und die Kerze brennt, dann hat ein Mädchen, das diesen Kranz schwimmen gelassen hat, eine Hochzeit; wenn ein Kranz sich dreht aber nicht schwimmt, dann bleibt das Mädchen unverheiratet; wenn ein Kranz weit schwimmt und am Ufer anlegt, dann kann das Mädchen bestimmen, wo sein zukünftiger Ehemann wohnt".

Es gibt den Volksglauben, dass sich die Bäume in der Nacht vor dem Iwan Kupalo Fest bewegen und von Stelle zu Stelle gehen, und durch das Laubrauschen miteinander sprechen. Wer die Farnblumen hat, der kann sehen, wie die Bäume sich bewegen. Er kann hören, wie sie ihr leises Gespräch führen und wer die Sprache jedes Tieres verstehen kann, der kann die Schätze unter dem Boden sehen.

In einigen Orten der Ukraine gibt es auch den Volksglauben, dass wenn ein Mensch sich eine Farnblume beschaffen hat, er alles wissen und alles sehen kann. Der Farn blüht nur für eine sehr kurze Zeit, - nur eine Minute in der Nacht vor dem Iwan Kupalo Fest. Deshalb ist es sehr schwer, sich eine Farnblume zu beschaffen, um so mehr, weil die Farnblumen von den bösen Geistern beschützt werden. Wer sich eine Farnblume beschaffen möchte, soll den Teufel besiegen.

Wenn man eine Farnblume haben will, sollte man im Voraus einen Farn im Wald finden und am Abend vor dem Iwan Kupalo Fest zu diesem Farn gehen. Hier soll er ein Tischtuch auf den Boden legen, darauf die Osterkuchen zu Ostern stellen, einen Kreis mit dem geweihten Messer zeichnen, den Farn mit dem Weihwasser bespritzen und zu beten anfangen. Wenn es dunkel wird, versucht der Teufel einen zu erschrecken: er schießt, wirft Steine und Zweige nach dir… man rät, keine Angst vor dem Teufel zu haben, denn der Teufel hat nur außerhalb des Kreises Kraft, aber solange ein Mensch innerhalb des Kreises sitzt, den er mit dem geweihten Wasser gezeichnet hat, bleibt er in unverwundbar. Genau um Mitternacht blüht der Farn auf und die strahlende Blume fällt aufs Tischtuch. Diese Blume sollte man schnell einwickeln und sich in die Brusttasche verstecken.

Es gibt auch viele Erzählungen über andere Kräuter. Nach dem Volksglauben, können die Heilkräuter nur dann bei den Krankheiten helfen, wenn sie in der Iwan Kupalo Nacht oder zu Iwan Kupalo Fest vor dem Sonnenaufgang gesammelt wurden. Man sagt, dass die Hexen und die Waldgeister die Heilkräuter säen, und nur sie wissen, wie und wann diese Kräuter zu benutzen sind).

Der Teufel[13]

Das Aussprechen des Teufelsnamens gilt in der Ukraine als unanständig, deshalb entstanden viele andere Namen für den Teufel in der ukrainischen Sprache, so wie zum Beispiel: Satan, Bes, Toi, Satanaila, Satanjuka, Idola, Izwira, Phiona, Iroda, Zmia, Dämon, Verdammter, Böse Kraft, Böser. Wenn die Bauern den Namen des Teufels aussprechen, sagen sie vorher eine Entschuldigung.

Es gibt verschiedene Erzählungen über die Entstehung des Teufels. In einigen finden wir, dass die Teufel die Kinder sind, die von ihren Müttern umgebracht wurden. Teufel können sich vermehren und ihre weitere Vermehrung besteht daraus, dass sie die Kinder den Menschen stehlen, oder sie heiraten sterbliche Frauen, oder sie verheiraten sich unter sich. Meistens stehlen sie Kinder, die von ihren Müttern verdammt wurden. Aber es gibt auch Fälle, in denen sich die Teufel unverfluchte Kinder wählen. Wenn der Teufel ein Kind stehlen will, zeigt er sich in Gestalt eines Wirbelwindes. Das kann man in folgendem Bericht sehen: „Eine Frau mit ihrem Mann erntete im Feld und ihr Kind war auch dabei. Plötzlich machte sich ein Wirbelwind auf, griff das Kind und nahm hoch. Die Eltern liefen und schrieen: ‚Helft, helft! Der Wirbelwind hat unser Kind gegriffen.' Dann fingen sie an, den Wirbelwind mit einem Stroh bekreuzigen. Der Wirbelwind hielt das Kind zwar noch einige Zeit fest, aber dann stellte er es auf den Boden. Nach ein paar Tagen starb das Kind. Auf diese Weise bekam der Teufel die Seele des Kindes".

Betreffs der Beziehung des Teufels mit den Frauen: Meist zeigen sich Teufel den Frauen in Gestalt von Männern, z.B. um diese Frauen zu heiraten. In vielen Volkserzählungen besucht der Teufel die Witwen in Gestalt ihrer verstorbenen Männern. Manchmal gebären die Frauen auch die Kinder des Teufels. 1743 wurde ein unglückliches neugeborenes Mädchen umgebracht, denn sie galt als eine Tochter des Teufels. Aber auch durch Ehen zwischen Teufeln werden Kinder geboren. In Volkserzählungen finden wir, dass die Hochzeiten der Teufel und die Geburten der Teufelskinder geschehen, wenn ein Schneesturm oder ein Wind wirbelt. Bei der Entbindung helfen die Dorfgeburtshelferinnen den Teufelsfrauen und sie bekommen dafür vom Teufel als Lohn einen Leinenstoff, der endlos ist. Manchmal setzen

---

[13] Wir weisen darauf hin, dass im Deutschen es notwendigerweise immer *der* Teufel heißen muss. Dies hat allerdings nichts mit der russischen (und ukrainischen) Darstellungsform zu tun. In Russland ist *die* Teufelin, also die weibliche Form sehr viel üblicher – und in der Ukraine ist es wohl (ursprünglich) eher ein zweigeschlechtliches Doppelwesen.

die Teufel ihre Kinder auch heimlich bei Menschen aus und stehlen dafür die Menschenkinder. Um diese Gefahr zu meiden, stellt man neben ein Kreisende eine angezündete Kerze. Die Flamme der Kerze verjagt den Teufel.

Die Teufel werden nicht nur geboren und leben, sondern kommen auch um. Teufel können von Wölfen gefressen und von den Jägern erschossen werden. Der Blitz kann sie töten und die Sonne kann sie verbrennen. Teufel haben große Angst vor Donner, denn der Donner kann sie vernichten. Wenn der Teufel den Donner hört, fängt er an zu springen und zu piepsen. Die Dorfkurpfuscher können auch einen Zauberabsud kochen und wenn man ihn mit diesem Absud bespritzt, entzündet er sich.

Der Teufel in der ukrainischen Dämonologie (und nicht nur hier) hat große Ähnlichkeit mit dem antiken Gott Pan[14]. Er hat Hörner, haarige Ziegenbeine einen Schwanz und seine Finger sind krumm. Er kann sich verwandeln und sein Äußeres hängt jeweils von den Umständen ab. Er kann sich in Gestalt von Schaf, Widder, Lamm und Pferd zeigen. Er kann wie ein weißer Hund, wie ein weißer oder schwarzer Hahn oder ein Rabe aussehen. Manchmal verwandelt er sich auch in einen Menschen. In einigen Berichten sieht er auch wie ein Junge mit großen strahlenden Augen aus.

Man beschreibt den Teufel auch auf folgende Weise: Ein schwarzer Mann mit Hakennase, zwei Hörnern und Krallen an den Fuß- und Handfingern. Sein Gesicht sieht wie eine Hundschnauze aus und er hat einen Schwanz. Er trägt eine runde Mütze an den Hörnern und eine kurze Jacke sowie eine enge Hose.

Es gibt noch eine Beschreibung des Teufels: er sieht wie ein mittelgroßer Mann aus, er hat entweder Hundepfoten oder Hühnerbeine, einen kur-

---

14 Pan (griech.): Der griechische Wald- und Hirtengott. Vegetationsgott und Schutzgott der Hirten und Herden. In der Kunst (auf antiken Vasenbildern) wird er als Mischwesen aus Mensch, mit menschlichen Armen und Oberkörper und bocksgestaltig am Unterkörper und Kopf (Hörner) dargestellt – sehr viel später auch als schöner Jüngling. Der Gott trägt die Hörner als Symbol für seine Fruchtbarkeit, Kraft, und Lebenslust weswegen er auch der gehörnte Gott genannt wird. Pan ist der Sohn von Hermes und einer Nymphe. Im Gefolge des Dionysos ist er der Führer der Satyrn (Fruchtbarkeitsdämonen der griech. Mythologie. Sie werden auch in Menschengestalt mit Pferdeohren, -schweif und -hufen dargestellt und sind identisch mit den Silenen. Satyrn sind genauso wie Pan die Vorbilder für die spätere christliche Teufelsdarstellung). Pan stellt gerne den Nymphen nach, sucht aber ganz allgemein (zu Männern und Frauen) die Liebe. Er ist der Jäger, der den Tod bringt, ihn aber erleidet. Die Nymphe Syrinx (Flöte) verwandelte sich z.B. auf der Flucht vor ihm, am Ufer eines nicht zu überwindenden Flusses in ein Schilfrohr. Pan schnitt es ab und schnitzte sich daraus die nach ihr benannte Syrinx, die Pan- oder Hirtenflöte aus sieben Rohrpfeifen. Er entspricht dem römischen Faunus, wird aber u.a. auch Bacchus, Dionysos, Satyr, Zagreus, Jupiter, Mabon und Herne genannt.

zen Schwanz, ein großes Maul, eine lange Nase, lange schwarze struppige Haare, lange Hände mit langen Nägeln, die Ziegen- oder die Hammelhörner und seine Augen leuchten wie glühende Kohlen. Außerdem trägt er eine hohe Mütze.

Eine Frau erzählte, dass als sie jung war, sie heimlich mit ihren Freundinnen ein Teufelsfest beobachtete. Sie beschrieb die Teufel wie folgt: sie waren etwa so groß wie dreijährigen Jungen, sie hatten rote kegelförmige Mützen auf dem Kopf, rote Jacken und gestickte Strümpfe an, unter den Mützen sahen die kleinen Hörner hervor und unter den Jacken waren die kurzen Schwänze sichtbar.

Hier berichten wir über eine Volkserzählung, die einem Märchen eher ähnlich scheint, die Ihnen aber hilft, die ukrainische Dämonologie und die Volksvorstellung über die Entstehung des Teufels und seiner Abarten verstehen. „Der Teufel existierte schon vor der Schöpfung der Welt, als das allgemeine Chaos herrschte und Gott sich über dem Ozean befand. Gott sah den Teufel, interessierte sich für ihn und nahm ihn mit. Gott schöpfte (erschuf) die Welt zusammen mit dem Teufel. Bald aber langweilte sich der Teufel und wollte einen Freund haben. Gott riet ihm, seinen Finger ins Wasser einzutauchen und hinter sich abzuschütteln – auf diese Weise würde er für sich einen Freund bekommen. Aber der Teufel tauchte die ganze Hand statt eines Fingers ein und fing an sie zu schütteln – so entstanden viele Teufel. Zuerst unterhielt sich der Teufel mit seinen entstandenen „Brüdern", aber dann langweilte er sich wieder und er zwang die anderen Teufel zur Rebellion gegen Gott. Zur Strafe dafür warf Gott alle Teufel vom Himmel herunter. Die Teufel flogen 40 Tage und Nächte bis zur Erde, und als Gott „Amen" sagte, erhielt jeder seinen Platz – jeder blieb genau dort, wo er in diesem Moment war: der Teufel, der ins Wasser fiel, wurde der Nix – der Wassergeist, im Wald erschien der Waldgeist, im Sumpf – der Sumpfgeist, im Feld – der Feldgeist, im Haus – der Hausgeist, und so weiter. So kann man sehen, dass alle böse Geister, die auf der Erde existieren, ihren Anfang von dem Teufel nahmen".

Der Hausgeist

Wie wir oben erläutert haben, entstanden die Hausgeister durch die Wassertropfen des Teufels als er sich das Wasser von der Hand abgeschüttelte. Die Hausgeister halten sich in den Häusern auf und man kann sie beim Licht von angezündeten Osterkerzen sehen. In den reichen Häusern ist ein Hausgeist sehr behaart, in den armen Häusern aber, ist er nackt und kahl.

In Volkserzählungen finden wir noch andere Möglichkeiten, wie die Hausgeister entstehen können. Wenn z.B. eine Mutter ihr Kind absichtlich fallen lässt und wenn das Kind danach stirbt, wird es sieben Jahre nach seinem Tod zu einem Hausgeist. Unter bestimmten Umständen kann ein Hausgeist auch durch einen alten Mann (wenn ein Mann ein Kind absichtlich fallen lässt) entstehen, aber in diesem Fall ist der Hausgeist böse und kann anderen viel Schaden zufügen. Man kann sich auch an bestimmten heimlichen Plätzen einen Hausgeist kaufen. Die Hausgeister werden in Flaschen und Sieben verkauft, wo sie wie Katzen sitzen. Wenn man sich einen Hausgeist kaufen will, soll man sich vorher von Gott und der Mutter Gottes lossagen, das Kreuz zertreten und auf es pfeifen, und dann mit dem Blut aus seinem kleinen Finger „einen Vertrag mit dem Teufel" unterschreiben. Wenn ein Mensch, der sich einen Hausgeist gekauft hat, nicht in der Lage ist diesem (seinem Hausgeist) zu befehlen, kann es passieren dass sein Hausgeist ihn umbringt.

Man kann sich aber, für sich selbst, auch einen Hausgeist großziehen. Dazu soll man ein abgetragenes Kleidungsstück nehmen, es sich an die Achsel binden und so 9 Tage und 9 Nächte unter dem Arm tragen. In dieser Zeit darf man sich nicht waschen, nicht auf Heiligenbilder schauen, sich nicht bekreuzigen und zu Gott beten. Am neunten Tag zeigt sich ein „Küken" unter dem Arm und dieses verwandelt sich in einen Hausgeist. Man soll es sofort auf den Fußboden setzen und ihm salzlose Speisen zum Essen geben. Dieser Hausgeist hilft seinem Herrn bei der Arbeit, passt aufs Haus auf und erfüllt alles was sich sein Herr wünscht, deswegen wird z.B. sein Herr immer reicher. Allerdings nimmt sich der Hausgeist dafür die Seele seines Herrn nach dem Tod. Wenn der Herr dem Hausgeist salzhaltiges Essen gibt, ärgert sich der Hausgeist und wirft mit Geschirr. Wenn der Herr das wiederholt macht, reißt der Hausgeist das Dach des Hauses herunter und geht dann weg und mit ihm das Glück.

Ein Hausgeist sieht wie ein kleiner Junge mit Ziegenbeinen aus, er hat rote Hosen und eine Mütze an und oft hat er eine Tabakpfeife im Mund.

Manchmal verwandelt er sich auch in einen bärtigen Mann. Manchmal zeigt der Hausgeist sich als ein Hirte mit einem Stock und in der Nacht füttert er das Vieh und führt es zur Viehtränke.

Ein Hausgeist kann sich auch in einige Tiere verwandeln, meistens zeigt er sich dann als Katze oder wie ein Hund. Man sollte beobachten, was für eine Farbe der Hausgeist hat. Die gleiche Farbe soll das Vieh haben, andernfalls stirbt die ganze Viehherde. Wenn ein Hausgeist ein Pferd nicht mag, kann er es in der Nacht zuschanden reiten. Um dies zu meiden, soll man einen Ziegenbock im Stall haben, dann reitet der Hausgeist auf diesem Ziegenbock und lässt das Pferd in Ruhe.

Wenn ein Mensch seinen Hausgeist sehen will, soll er zu Ostern in der Kirche eine Kerze anzünden, in der Kirche ein bisschen stehen bleiben, dann diese Kerze nach Hause tragen, aber so dass sie nicht erlöscht und mit der Kerze im Haus herumgehen. Danach geht er an den Ofen heran und sieht sich um: in der Ecke liegt sein Hausgeist. So kann man die Farbe des Hausgeistes genau betrachten.

Der Waldgeist

Die Waldgeister wohnen in den Wäldern und man nennt diese auch noch die „Hirten der Wildtiere“. Sie sind die wilden Menschen und die Wildtiere sind für sie dasselbe wie die Haustiere für normale Menschen. Die Hirsche, die Gämsen, die Hasen – sind ihr Vieh, genauso wie die Bären, Wölfe und Luchse – aber auch die Hunde und Katzen. Sie hüten ihr Vieh und passen auf, damit nichts Schlechtes passieren kann.

Es gibt auch die Waldgeistin (die Waldgeister, die wie die Frauen aussehen). Die Waldgeister wirtschaften und vermehren sich wie die Menschen, haben Kinder und geben ihnen – wie die Menschen - Menschennamen.

Wir berichten Ihnen einige Erzählungen über die Waldgeister, aber sie sind nicht sehr zahlreich, denn die Ukraine ist mehr ein Steppen- als ein Waldstaat.

„Zwei Jäger waren auf der Jagd und hörten Kinderweinen im Wald. Sie gingen Stimme nach und fanden einen Säugling in einer Wiege. Sie wickelten ihn in Windeln und der Säugling schlief ein. Nach einigen Minuten kam seine Mutter, sie war die Frau eines Waldgeistes. Sie wollte den Jägern für ihre Sorge um den Säugling danken und erlaubte ihnen einen Hirsch zu töten.”

„Ein Mann stahl einer Waldgeistin ihre Wäsche, als sie im Fluss schwamm. Dann nötigte er sie ihn zu heiraten, aber zuvor taufte er sie, damit sie eine normale Frau werden konnte.”

„Eine Frau ging durch den Wald und sah eine mit einem Seil umgewickelte Eiche. Unter der Eiche saß ein alter grauhaariger Mann ohne Mütze. Er rief sie zu sich, aber sie vermutete, dass er ein Waldgeist war und lief weg. Nach einiger Zeit ging ein Mann und pfiff und der Waldgeist hörte das und fing an, ihn nachzuahmen. Der Mann aber, richtete darauf keine Aufmerksamkeit und der Waldgeist folgte ihm bis zu seinem Haus. Aus Wut darüber, dass er nicht beachtet worden war zerschlug der Waldgeist alle Fenster im Haus”.

Der Waldgeister zeigen sich auch in Gestalt von verschiedenen Tieren (meistens von Bären) oder von Frauen und Männern. Sie locken die Menschen zu sich und erwürgen diese. Wenn ein Mensch, den der Waldgeist fängt, sobald er von diesem gewürgt wird, schreit, lässt der Waldgeist ihn in Ruhe und der Mensch kann seiner Wege gehen.

Im Wald existiert auch der Waldteufel. Er hat Angst vor den Menschen und die Menschen fürchten sich vor ihm auch. Wenn ein Mensch keine Angst vor ihm hat, kann der Waldteufel sich diesem Mensch zeigen. Eine alte Frau sah ihn – er war gestiefelt und hatte eine schwarze Jacke. Der Waldteufel sitzt üblicherweise auf einem Baumstumpf und pfeift. Wenn er einen Menschen im Wald sieht, stiehlt er die Mütze des Menschen und führt ihn dann die ganze Nacht durch den Wald, solange, bis er von seinem Weg abkommt.

In Wald befindet sich noch ein Geist – der „Hirte der Wölfe". Er hütet die Wölfe, als ob sie seine Schafe wären. Manchmal führt er diese dorthin, wo ein Krieg geführt wird, damit die Wölfe sich ernähren können. Er sieht wie ein großer Mann aus.

Die Waldgeister sind böse. Ein Waldgeist kann einen Menschen solange durch den Wald führen und dieser Mensch wird seinen Weg solange nicht nach Hause finden können, bis er den dritten Hahnenschrei hört. Der Waldgeist schreit in der Nacht, aber man sollte nicht darauf reagieren und auch auf keinen Fall antworten. Der Waldgeist kann sich in verschiedene Tiere (in den Wolf, den Fuchs oder in einen Hund) verwandeln. Am letzten Tag vor Ostern läuft er über die Felder und manchmal zeigt sich auch in Gestalt einer Katze.

Die Jäger können einen Vertrag mit einem Waldgeist abschließen, aber vorher sollten sie sich von Gott lossagen. Wenn Jäger, die den Vertrag abgeschlossen haben, auf der Jagd sind, treibt der Waldgeist das Wild den Jägern zu. Wenn diese Wölfe jagen, verwandelt sich der Waldgeist in einen Wolf, sammelt die anderen Wölfe und führt diese zu den Jägern.

Der Waldgeist kann auch aussehen wie ein haariger Mann mit Hufen an den Füssen. Er überfällt Frauen im Wald, nötigt diese mit ihm mitzugehen und lebt mit ihnen, als ob sie seine Ehefrauen wären. Manchmal stiehlt er die neugeborenen oder die verfluchten Kinder. Man kann ihn am 6. Juli sehen – er sitzt dann auf einem Baum und schreit und lacht laut.

Der Wassergeist (der Nix)

Der Wassergeist ist dem Menschen sehr ähnlich, aber er hat einen langen Schwanz und Flügel. Wenn die Fischer am Ufer ein Lagerfeuer anmachen, kommt er aus dem Wasser heraus, um sich zu wärmen. Wenn er (danach wieder) ins Wasser geht, schwimmen die Fische vor ihm herum und diese Zeit ist gut für die Fischerei, denn die Fische schwimmen dann wie von selbst in die Netze der Fischer. Der Nix kann sich in verschiedenen Gestalten zeigen – in Gestalt eines Mannes, eines Kindes, in Gestalt eines Ziegenbockes, einem Hund, einer Katze, einer Ente und einem Fisch.

Der Nix kann Menschen viel Schaden zufügen: Er führt Betrunkene in die Sümpfe, ruiniert die Deiche, erschreckt die Menschen wenn sie sich seinem Reich nähern – oder wenn sie im Fluss schwimmen oder am Ufer arbeiten. Aber manchmal benimmt er sich auch ruhig und friedlich Menschen gegenüber.

Wenn der Wassergeist sich in einen Fisch verwandelt, zeigt er sich meistens als Wels. Er lässt sich von den Fischern fangen, aber natürlich lässt er sich nicht nach Hause mitnehmen. Er kann den Fischen verbieten sich fangen zu lassen, aber kann auch selbst die Fische in die Netze der Fischer treiben, wenn ein Fischer ihm verspricht ihm etwas zu bringen oder ihm etwas zu schenken. Aus Wut kann er das Wasser im Fluss aber auch vergiften. Er mag es, Spaß mit den Menschen machen: So kann er ein Boot mit einem Fischer ans Ufer werfen, sodass der Fischer sein Boot nicht zum Wasser zurückschleppen kann, - aber es kann auch passieren, dass er in der nächsten Nacht selbst das Boot zum Wasser bringt und die Netze mit Fischen füllt.

Wassergeister heiraten ertrunkene Frauen und haben Kinder mit ihnen. Zur Entbindung laden sie die Dorfgeburtshelferinnen ein. Vor dem Dreikönigsfest[15] bringen sie ihre Kinder ans Ufer, damit das Weihwasser diese nicht verbrennt.

---

[15] Der 6. Januar (Jänner) war das ursprüngliche Weihnachtsfest: Das „Dreikönigsfest" hatte aber ursprünglich wenig mit den Heiligen Drei Königen zu tun. Es ist eher das Fest der „Epiphanie" – der „Erscheinung des Herrn". Das Wort „Epiphanie" (altgriechisch: επιφανεια) bedeutet denn auch: „Erscheinung", der „historisch greifbare Einbruch des persönlichen Gottes" in die Welt. Gott „erscheint" den Menschen als kleiner Knabe in der Krippe eines Viehstalls. In den Ostkirchen, den „orthodoxen Kirchen", ist der 6. Januar bis heute der eigentliche Weihnachtsfeiertag geblieben.
Der Termin des Festes „Erscheinung des Herrn" – ist dort im Volksmund besser unter dem Namen „Dreikönigsfest" bekannt (wegen der drei morgenländischen Weisen, wobei in der Lutherbibel nur von den (griech. μαγοι =) Magier die Rede ist. Bis zum Mittelalter wurden die Heiligen Drei Könige auch oft als persische Magier dargestellt. Vermutlich auch wegen den drei Geschenken von

Manchmal zeigt sich der Wassergeist auch in Gestalt eines alten Mannes mit einem langen Bart. Zeitweise stört er die Fischer und verjagt die Fische. Um ihn sich geneigt zu machen, werfen die Fischer Salz in das Wasser. Wenn der Wassergeist das Salz leckt, können sie so viele Fische fangen, wie viel sie wünschen.

Einige Menschen sagen, dass die Wassergeister jene Ertrunkenen sind, deren Leichen nicht gefunden und nicht begraben worden sind. Die Seelen dieser Ertrunkenen kommen in der Nacht in der Gestalt von weißen Hun-

---

Kaspar, Melchior und Balthasar schloss man auf die Dreizahl). Die Fixierung des Datums soll aus Ägypten stammen, denn dort feierte man in der Nacht vom 5. zum 6. Januar das Geburtsfest des Sonnengottes Aion, wobei auch der Wasserkult am Nil dabei eine Rolle spielte.
Weil (durch den von Julius Cäsar im Jahre 46 v. Chr. eingeführte und ab da an geltende Julianische Kalender) das Jahr am 1. Januar begann, setzten die frühen Christen diesen Tag mit dem ersten Schöpfungstag gleich: Am sechsten Tage aber wurde - nach der Genesis - der Mensch geschaffen, deshalb erschien an diesem Tag der „göttliche Menschensohn". Außerdem galt der 6. Januar in der Antike als Geburtstag des Gottes Dionysos und auch er galt als ein sterbender und wieder auferstandener, Leben und Fruchtbarkeit spendender Gott. Das christliche Fest von der Geburt Jesu am 6. Januar, „Erscheinung des Herrn", konnte also an ein heidnisches Fest anknüpfen (wie dies bei den meisten christlichen Festen geschah) und nur der Sinn wurde verändert. Vermutlich wurde das Fest zum ersten Mal im antiken Alexandria gefeiert. In weiten Teilen des christlichen Orients wurde das Fest schon im 3. Jahrhundert gefeiert. Hier war es dem Andenken an die Taufe Jesu im Jordan gewidmet (Matth 3, 16/17 und Mark 1, 10/11). In Griechenland heißt der gesetzliche Feiertag bis heute „Fest der Theophanie". Den frühen Christen war die Erscheinung von Christi göttlicher Wesenheit bei der Taufe wichtig und weniger die biologische Geburt.
In der Ukraine ist das Dreikönigsfest eines der wichtigsten Winterfeste des ukrainischen Volks. Dieses Fest hat sowohl vorchristliche als auch christliche Merkmale. Man begeht dieses Fest (wie oben schon beschrieben) am 6. Januar nach dem Julianischen Kalender (wg. der Taufe Jesus Christi im Fluss Jordan). Schon eine Woche vor dem Fest bereitet man sich auf das festliche Begehen vor. Alle Männer, die in einem Dorf wohnen, sammeln sich am Fluss und hacken zusammen ein Eisloch. Dann sägen sie aus dem Eis ein großes Kreuz, begießen es mit dem Rübenkwass (Kwass ist ein säuerlich schmeckendes Getränk, normalerweise kocht man es aus Brot und Wasser, aber manchmal auch aus der roten Rübe und Wasser) und befestigen es über dem Eisloch. Neben dem Kreuz bauen sie einen Thron und um den Thron stellen sie viele angezündete Kerzen. Vor dem Thron bauen sie einen Bogen aus Fichtenzweigen: man nennt diesen Bogen „das Zarentor". Zum Dreikönigsfest, nach dem Morgengottesdienst, gehen dann alle Dorfbewohner aus der Kirche an den Fluss. Jeder trägt ein Wassergefäß und die Frauen und die Mädchen tragen noch „Trijzi" – drei Kerzen, ein Büschel roter Schneeball und getrocknete, zusammengebundene Blumen. In der Zeit, während ein Geistlicher ein kurzes Gebet liest, zünden die Frauen ihre Kerze von den um den Thron stehenden Kerzen an. Dann weiht ein Geistlicher das Wasser im Fluss indem er das kirchliche Holzkreuz ins Wasser senkt. Danach füllen alle Menschen ihre Gefäße mit dem geweihten Wasser und die Frauen löschen ihre Trijzi im Eisloch. Man sagt, dass alle böse Geister aus dem Fluss herausspringen, wenn der Geistliche das Kreuz ins Wasser senkt. Sie bleiben solange am Ufer, bis eine Frau zum Wäschewaschen an den Fluss kommt. Die bösen Geister können nun, zusammen mit der schmutzigen Wäsche, wieder ins Wasser untertauchen, die ganze Zeit davor frieren sie am Ufer. Deshalb dürfen die Frauen noch eine Woche lang, nach dem Dreikönigfest, ihre Wäsche nicht im Fluss waschen. Aber die jungen Frauen gehen an den Fluss, um sich zu waschen, denn sie glauben, dass wenn sie ihre Gesichter mit dem geweihten Wasser waschen würden sie hübscher werden.

den zu ihren Leichen, sie heulen, stöhnen, schreien, pfeifen und springen danach wieder ins Wasser.

Die Müller[16] und die Fischer können die Wassergeister schnell beschwichtigen: sie werfen die Leichen der neugeborenen Kinder und das Aas ins Wasser, die Müller geben ihnen auch Brot. Fischer – geben die Reste der gekochten Fische als Geschenk. Um eine erfolgreiche Bienenzucht zu haben, versenken die Imker z.B. den ersten Bienenschwarm im Wasser. Die Dorfbewohner sagen: wenn der Nix die Deiche ruiniert, dann ärgert er sich, weil er so lange Zeit nichts bekommen hat, dann sollte man ein Pferd im Wasser versenken und der Nix beruhigt sich wieder.

Es gibt sehr viele Berichte über die Opfer an die Wassergeister. Hier sind einige von diesen: „In unserem Dorf wohnte ein Mann, der den Fischfang betrieb. Jeden Tag brachte er viele Fische nach Hause und andere Fischer konnten keinen Fisch fangen. Das dauerte einige Zeit, aber eines Tages zeigte sich diesem Mann der Nix und sagte: ‚Weißt du, dass du die Fische nicht allein fängst, sondern dass ich dir dabei helfe. Was gibst du mir dafür?' Der Mann antwortete: ‚Was kann ich dir geben, wenn ich nichts habe?' Er war gerade mit seinem Boot in der Mitte des Flusses und der Nix sagte: ‚Wenn du mir nichts gibst, ertränke ich dich.' Er antwortete: ‚Ich habe eine Tochter, die kannst du nehmen.' Als der Mann nach Hause kam, erzählte er alles seiner Frau. Die Frau fürchtete sich und sagte: ‚Mag der Nix besser dich nehmen. Meine Tochter gebe ich nicht.' Nach diesem Fall verging einige Zeit und der Mann vergaß das Erlebnis. Einmal im Winter fuhr er zusammen mit seiner Tochter mit dem Pferdeschlitten in den Wald, um Brennholz zu holen. Als sie schon nach Hause fuhren, sah der Mann auf dem Brennholz drei Frösche sitzen die sagten: ‚Du hast versprochen uns deine Tochter zu geben, aber deine Frau erlaubte es dir nicht.' So kam seine Tochter allein nach Hause, denn ihr Vater verschwand. Von dieser Zeit an sah diesen Fischer niemand wieder."

„Eine Frau gebar ein Mädchen. Das Neugeborene weinte oft und ihre Mutter sagte im Zorn: „Würde dich doch der Teufel wegnehmen." Die Tochter wuchs auf und die Zeit kam, als sie als Ehefrau vorgeschlagen wurde. Am Hochzeitstag gingen die Neuvermählten zur Kirche, ihr Weg dorthin ging über den Deich und als sie den Deich passierten, beschmutze die Braut ihre Schuhe. Sie sagte: „Geht ihr weiter, ich sollte kurz meine Schuhe waschen." Doch als sie ihre Schuhe wusch, fiel sie ins Wasser. Die

16 Da sie aus beruflichen Gründen, oft am Wasser wohnten.

Menschen fingen an zu schreien, dass die Braut ertrank und sie suchten sie und wollten sie retten, aber sie konnten sie nicht finden.

Zwei Jahre vergingen, aber die Leiche der Braut wurde nicht gefunden. Einmal in der Nacht war die Mutter der ertrunkenen Braut zuhause. Sie hörte ein Klopfen an der Tür und jemandes Stimme sagte: „Öffnen Sie die Tür! Kommen Sie mit mir!" Sie öffnete und sah einen Mann. Sie wollte jedoch nirgendwohin gehen, aber er bat sie sehnlich, und so ließ sie sich schließlich überreden. Er führte sie und als sie beide über den Deich gingen, stieß er sie in den Fluss und sprang hinterher. Unter dem Wasser sah dann die Frau ihre Tochter die in einem schönen Haus saß und sagte: „Danke Mutter, dass du zu mir gekommen bist." Neben ihrer Tochter sah die Frau den Mann, der sie diese Nacht zuhause besuchte hatte – es war der Nix, der Ehemann ihrer Tochter. Die Frau fragte: „Wann werdet ihr mich nach Hause bringt?" Der Nix antwortete: „Nächste Nacht!" So wartete sie auf die nächste Nacht und der Nix brachte sie nach Hause. Zu Hause sagte die Frau dann zu ihm: „Nun sollt ihr mich besuchen. Ich lade euch ein." Er antwortete: „Danke für Einladung. Wir kommen unbedingt."

Zu Ostern sammelten sich die Kinder der Frau in ihrem Haus und die ertrunkene Tochter mit ihrem Mann, dem Nix, kam auch. Am Abend, als alle Eingeladenen schon gegessen und getrunken hatten, fingen sie an zu tanzen. Als der Nix tanzte, legten die älteren Schwestern das Kreuz in seine Hosen und deswegen platzte er plötzlich. Die ertrunkene Tochter fing an zu schreien und zu weinen: „Wofür macht ihr mich zu Witwe?" Jetzt kann ich weder hier bleiben noch ins Wasser zurückkehren. Würdet ihr mich besser nicht eingeladen haben."

Der böse Geist, der vom Weg abbringt

Dieser Geist verwandelt sich üblicherweise in einen Vogel, er fliegt und winkt einem Menschen solange nach, bis er diesen in einen Sumpf führt. Dort macht der Geist dann alles mit ihm, was er wünscht. Wenn zwei Freunde durch den Wald gehen, ruft der Geist einen von diesen mit der Stimme des anderen Freundes und führt ihn dadurch weiter und weiter in den Wald hinein. So lockt er die Menschen in eine Falle. Manchmal stößt er einen Menschen aber auch ins Wasser.

Der Geist lässt den Menschen den Ort, wohin er sich verirrt, nicht erkennen. Er sorgt dafür, das die Umgebung so fremd erscheint, dass ein Mensch sich selbst in einem kleinen Raum verirren kann: auf einem Weideplatz, neben seinem Dorf, im Gemüsegarten, neben einem Schober u.ä.. Und auch wenn ein Mensch zurückgehen will, kann der Geist ihm viele Wege zeigen, damit er am Ende nicht mehr weiß, auf welchem Weg er gehen soll.

Dieser Geist kann sich einem Mensch aber auch in verschiedenen Gestalten zeigen und ihn so bis zur Erschöpfung in die Irre führen. Dann kann er diesem Mensch viel Schaden zufügen und mit ihm seinen Spott treiben. So lockt der Geist Menschen in Gestalt einer Frau oder einem Mann und führt diese den ganzen Tag bis zur Mitternacht. Um Mitternacht dann führt der Geist diesen Mann in einen Graben und hier verprügelt er ihn so, dass dieser am nächsten Tag stirbt. Der Geist zeigt sich auch in Gestalt eines Ziegenbockes, einem Vogel, einem Hund, einer Katze, einem Getreideschober und dem Licht selbst: das Licht blinkt an einem Platz, und sobald ein Mensch näher kommt, wechselt das Licht seinen Platz. Auf diese Weise führt der Geist diesen Menschen in den Sumpf, in den Wald, ins Wasser und im Winter bei Schneesturm ist das besonders gefährlich – das Licht blinkt an verschiedenen Plätzen, ein Mensch verirrt sich und erfriert schließlich.

Um sich vor diesem Geist zuretten, sollte sich ein Mensch daran erinnern was für Speisen er zu Weinachten gegessen hat oder was für ein Mensch bei seinem Abendmahl in der Kirche von ihm rechts gestanden hat. Es hilft auch, wenn ein verirrter Mensch sein Hemd mit der Innenseite nach außen wendet. Man kann sich auch beugen, zwischen den Beinen zurückschauen und sagen: „Mein Weg liegt dahinten", dann kann man sich retten. Ein verirrter Mensch rettet sich auch, wenn er sich an das Datum seiner Taufe erinnert.

Die Waldgöttinnen

Die Waldgöttinnen sind die bösen Bräute des Teufels. Sie haben kalte gefühllose Herzen, sie sind klein, ihre Gesichter sind blass und hässlich, sie haben lange wirre Haare und schlaff herunter hängende Brüste und sie werfen ihre hängenden Brüste manchmal bis auf die Schultern. Sie wohnen in Höhlen oder an anderen unzugänglichen Plätzen. Sie setzen ihre Kinder bei den Menschen aus, aber stehlen andererseits auch Menschenkinder für sich. Um das Kind zurückzubekommen, soll die Mutter das Kind der Waldgöttin schlagen und dann bringt die Waldgöttin das Menschenkind zurück. Die kinderlosen Waldgöttinnen laufen in den Wäldern und Feldern, tanzen und singen:

„Wasche Bein an Bein nicht,
trinke das Wasser mit der Hand nicht.
Wenn die Zwiebel und der Knoblauch nicht wären,
Dann würde die Mutter einen Sohn nicht gebären".

Wenn die Waldgöttinnen im Wald Menschen begegnen, kitzeln sie die alten Menschen bis in den Tod, wählen sich junge Frauen als Freundinnen und die jungen Männer als Geliebten aus. Um sich vor den Waldgöttinnen zu schützen, sollte man immer ein Stück Knoblauch oder ein Eisenstück bei sich tragen. Es passiert auch, dass eine Waldgöttin sich in einen Mann verliebt, dann verwandelt sie sich in eine Frau, die dieser Mann liebt oder mag. Sie besucht ihn in Gestalt dieser Frau und es ist dann sehr schwer, sich vor dieser Waldgöttin zu retten. Wenn eine Waldgöttin ein Liebesverhältnis mit einem Schafhirten hat, dann wird seine Schafherde immer in Sicherheit sein und kein Wildtier kann seine Schafe tot beißen. Wenn eine Waldgöttin jemanden nicht mag, stört sie ihm immer bei der Arbeit.

Die Waldgöttinnen können sich nicht nur in Frauen, sondern auch in Männer verwandeln um die Menschen in Versuchung zu bringen.

Majky (Nejky, navjaky, Navje)

Majky wohnen in den Wäldern und zeigen sich den Menschen in Gestalt von jungen schönen Frauen. Sie verlocken die Männer durch ihre Schönheit, sie Kokketieren und sprechen mit ihnen und dann kitzeln diese bis in den Tod. Majky wohnen in Berghöhlen oder in Getreidespeichern, die vorne eine schöne Aussicht haben. Ihre Behausungen sind mit Teppichen gedeckt. Im Winter sitzen sie in ihren Behausungen, spinnen den gestohlenen Flachs und nähen sich ihre Bekleidung. Im Frühjahr, wenn der Schnee getaut ist, laufen Majky über die Berge und Täler, und pflanzen die Blumen. Wenn alles grün wird und aufblüht, pflücken sie die Blumen und schmücken sich damit, sie amüsieren sich und schwimmen in Flüssen und Seen. Sehr oft tanzen sie und am 7. Juli veranstalten sie dann Orgien.

Majky sind hochgewachsen, haben runde Gesichter und lange losgeflochtene Haare sowie dünne Körper. Sie tragen meist eine dünne durchsichtige Bekleidung. In ihren schnellen, funkelnden Augen gibt es zwar keine Seele, aber sie sind auch nicht böse. Manchmal verlocken sie die jungen Männer, mit ihnen zu tanzen, aber wenn jemand sie erschreckt, laufen sie weg. Einmal im Jahr, in der Grünen Weihnachtszeit (in der Woche vor dem Pfingstsonntag) sammeln sich die Majky auf dem Berggipfel, um zu tanzen und zu spielen. Wenn sie sich in der Nähe von Menschen befinden, nehmen die Majky ihn mit, aber nur in dem Fall, wenn er keinen Knoblauch mit sich trägt. Wenn Majky tanzen, singen sie:

„Wenn die Zwiebel und der Knoblauch nicht wären,
würde die Mutter einen Sohn gebären,
und würden wir ihn mitnehmen".

In den Wäldern kann man den Nejky auch begegnen. Nejky sind besonders hübsche Männer und Frauen. Sie sind den Menschen sehr ähnlich und sie unterscheiden sich von den Menschen nur dadurch, dass sie keine Haut am Rücken haben und man dadurch ihre inneren Organe sehen kann. Sie wohnen meist gemeinsam und wenn Nejky tanzen, begleitet der Teufel sie auf seiner Rohrpfeife. Man sagt, dass auf dem Platz, wo Nejky getanzt haben nie wieder Gras wächst. Für die Zeit des Winters verstecken sie sich und zeigen sich nur von Zeit zu Zeit. Manchmal verlocken sie die Menschen und führen diese ins Unbekannte (so, dass niemand weiß, wo sie sich befinden). Wenn Menschen einer Nejka begegnet, soll er sein Hemd mit der Innenseite nach außen wenden, dann kann er sich schützen und retten. Nejky können auch das Blut aus den Menschen saugen: ein Mensch, dessen Blut ausgesaugt wurde, wird erst schwächlich und stirbt dann.

Über die Verträge mit dem Teufel...

Wir haben Ihnen über verschiedene böse Geister erzählt, die alle vom Teufel abstammen. Kehren wir zu den Geschichten über den Teufel zurück. Es gibt einige Volkserzählungen über die Verträge, die verschiedene Menschen mit dem Teufel abschließen.

Es ist bekannt, dass man einen Vertrag auf einem Kreuzweg mit dem eigenen Blut (aus seinem kleinen Finger) unterschreibt. Wenn man einen solchen Vertrag abschließt, soll man sich vom Gott lossagen und sich nur noch dem Teufel widmen. Aber in der ukrainischen Dämonologie ist der Teufel kein glänzender Jurist, nein, die juristischen Begabungen des Teufels sind eher mittelmäßig. Das kann man z.B. in folgendem Bericht sehen: „Ein armer Mann entschied eines Tages das Geld irgendwie aufzutreiben, dass er dringendst benötigte.. Er verließ sein Haus und ging los, sich eine Arbeit zu suchen. Als er durch den Wald kam, sah er einen Greis. Der Greis fragte ihn: ‚Wohin gehst du?' ‚Ich suche eine Arbeit, denn ich bin arm und ich brauche Geld. Vielleicht kann jemand mir helfen' – antwortete der Mann. ‚Ich kann dir helfen und dir das Geld geben, aber ich will auch etwas dafür bekommen'. ‚Was denn?' – fragte der Mann. ‚Ist deine Frau schön?' – ‚Ja'. ‚Hast du Kinder?' – ‚Ja'. ‚Also, gebe ich dir das Geld und du gibst mir die Mutter mit den Kindern'. – ‚Ich komme überein'. Der Greis sagte: ‚Dann sollst du am Dienstag mit einem Sack hierher kommen'. Am Dienstag als der Mann in den Wald kam, sah er den Teufel auf dem Platz, wo zuvor der Greis saß. Der Teufel fragte: ‚Hast du einen Sack mitgebracht?' – ‚Ja'. ‚Ich fülle ihn dir mit Geld, aber am Mittwochabend komme ich und nehme dir die Mutter mit den Kindern weg'. Der Mann brachte das Geld nach Hause, aber er sagte kein Wort zu seiner Frau über den Teufel. Am Mittwoch, nach dem Sonnenuntergang, kamen zu ihm zwei Greise und baten ihn, sie hineinzulassen, damit sie bei ihm übernachten könnten. Der Mann sagte: ‚Ich kann sie nicht ins Haus einlassen' ‚Warum?' – fragten die Greise. Und der Mann erzählte: ‚Ich war sehr arm und ich wollte Geld auftreiben, und so ist es passiert, dass ich das Geld schließlich vom Teufel erhalten habe und ich habe ihm dafür versprochen, die Mutter mit den Kindern zu geben'. Die Greise antworteten: ‚Wir können dir helfen, du sollst keine Angst haben'. Und sie blieben bei ihm. Um Mitternacht kam der Teufel und sagte: ‚Ich will abholen, was mir gehört'. Und einer von den Greisen sagte zu dem Mann: ‚Fange eine Bruthenne mit den Küken und werfe sie zum Fenster hinaus, dann bekommt der Teufel die Mutter mit den Kindern.'. Der Mann machte, was ihm gesagt wurde. Und der Teufel sagte: ‚Du hast Glück, dass du es so gemacht hast. Du hast das Geld bekommen und deine Frau mit den Kindern sind bei dir geblieben.' Nach diesen Wörtern verschwand der Teufel."

Der Teufel ist meist erfinderischer, wenn er Böses tut. Hier sind einige Beispiele: er hat einem Menschen die Künste der Musik beigebracht und ihn dann zum Krüppel gemacht - er stahl einem Mensch das ganze Geld, der sich danach erhängte - er verbrannte einen Imker in einer Strohhütte - er behexte einen Mann so, dass der seine Frau statt eines Schafes umgebracht hat - manchmal zeigt der Teufel sich einer Frau, in der Gestalt eines jungen Mannes, behext sie, schneidet ihren Kopf ab und hängt diesen dann auf einen Pfahl.

Hier ein Bericht über die Erfindungsgabe des Teufels: „Ein junger Mann freite eine Frau, aber sie versagte sich ihm. Nach dem Freien ging er nach Hause und begegnete dem Teufel. Der Teufel fragte ihn: ‚Woher kommst du?' – ‚Ich freite eine Frau, und habe schon vielmal um sie angehalten, aber sie will mich nicht heiraten, denn ich bin arm und habe nichts.' Der Teufel sagte ihm: ‚Ich kann dir einen Rat geben, aber du solltest auf meinen Rat hören: Du sollst in die Stadt gehen und ein Haus mieten. Du sollst in diesem Haus sieben Jahre lang wohnen, niemand darf dich besuchen, nur ich komme zu dir von Zeit zurzeit. Du darfst deine Haare und deine Nägel nicht schneiden und nicht waschen. Jedes Mal, wenn ich dich besuche, bringe ich dir Geld mit, - so kannst du den großen Betrag zusammensparen. Verschiedene Menschen werden zu dir kommen, um das Geld von dir zu leihen, und du kannst diesen Menschen helfen. Eines Tages besucht dich dann ein General und bittet dich um Geld, weil er große finanzielle Schwierigkeiten hat. Du sollst antworten, dass du ihm das Geld nur dann leihst, wenn er dir seine Tochter zu Frau gibt. Dieser General hat drei Töchter und er antwortet dir, dass er zuerst fragen will, welche von seinen Töchtern dich zu heiraten einverstanden ist.' Alles ist so passiert, wie der Teufel es ihm zuvor gesagt hatte. Der General kam wirklich und bat um ein Darlehen. Als er nach Hause gekommen war, fragte er die ältere Tochter: ‚Willst du diesen Mann heiraten?' – ‚Ich will nicht! Ich würde besser sterben'. Die jüngere Tochter sagte: ‚Ich bedauere euch und heirate diesen Mann, obwohl er unschön ist und ich ihn nicht liebe.' Der General ging zum Mann und sagte ihm: ‚Ich gebe dir meine Tochter zu Frau, aber die jüngere.' – ‚Das ist mir ganz gleich' – antwortete der Mann. ‚Dann sollen wir den Tag eurer Hochzeit bestimmen..., sagte der General. Als der General gegangen war, kam der Teufel zu dem Mann und sagte: ‚Nun gebe ich dir noch einen Rat: du sollst in einen Frisiersalon gehen, dir die Haare und die Nägel schneiden und dich rasieren lassen. Dann sollst du in einen Laden gehen und dir die teuerste Bekleidung kaufen. Ziehe diese neue Bekleidung dann an und gehe zum General, um seine Tochter zu freien.' Der Mann tat so, wie der Teufel ihm gesagt hatte. Als der Mann die jüngere Tochter des Generals heiratete, war die ältere Tochter so enttäuscht, dass sie sich diesem reichen Mann versagt hatte, dass die sich erhängte. Danach zeigte sich der Teufel dem Mann noch einmal und sagte: ‚Ich habe dir geholfen, die jüngere Tochter heiraten, und du hast mir geholfen, die Seele der älteren Tochter bekommen. Nun habe ich auch eine Frau.' Nach diesen Wörtern verschwand der Teufel."

Feurige Drachen

In der ukrainischen Dämonologie finden wir auch viele Berichte über feurige Drachen. Augenzeugen erzählten folgendes: „Ich habe den Drachen zweimal gesehen: sein Kopf war wie ein Knäuel, der Körper wie ein Besen und er flog niedrig über dem Boden und wand sich wie eine Schlange und sprühte Funken."

„Der Drache flog über unser Dorf; sein Körper war sehr lang und sah wie ein Schulterjoch aus, sein Bauch war rot und er schlug mit seinen Flügeln und warf das Feuer."

„Der Drache flog und beleuchtete das Dorf mit seinem Feuer, er war nicht sehr lang aber er breitete seine Flügel aus und sprühte Funken."

Der feurige Drache verwandelt sich und zeigt sich oft jungen Frauen in Gestalt eines leuchtenden teueren Dinges, das auf dem Weg liegt: das können eine Nadel, ein buntes Band, Korallen, ein Taschentuch aus Seide, ein Gürtel aus Leder, ein silberner oder goldener Ring oder ähnlich wertvolle Dinge sein. Wenn eine Frau eines von diesen Dingen mitnimmt, dann sollte sie in der Nacht auf den feurigen Drachen warten.

In einen Bericht ist die Erscheinung des feurigen Drachen auf folgende Weise beschrieben: „Er fliegt durch den Himmel als ein feuriger Streifen, sprüht Funken über dem Haus, wo die bestimmte Frau wohnt. Dann kommt er durch die Ofenröhre ins Haus und zeigt sich der Frau in Gestalt eines unwiderstehlich, schönen jungen Mann. Nach seinem Besuch fängt die Frau dann an abzumagern. Aber er verfolgt die Frau nur und hat keinen Geschlechtsverkehr mit ihr, er verführt die Frau und saugt ihre Brust und es ist sehr schwer, ihn wieder loszuwerden."

In einer anderen Erzählung flog der Drache zu einer Ehefrau. Einmal, als er diese Frau besuchte, nahm ihr Mann die Flügel des Drachen weg. Das war aber sehr gefährlich, denn als der Drache weglief, verbrannte er das Haus. Eine Frau kann sich nur dann vor Drachen retten, wenn sie sich vor Abscheu erregen würde.

Hier einige Berichte über den feurigen Drachen: „Eines Tages ging eine junge Frau auf den Jahrmarkt und auf dem Weg dorthin sah sie ein schönes rotes Seidentaschentuch auf der Erde liegen. Sie freute sich über die Fundsache, nahm das Tuch und vergaß aber, sich zu bekreuzigen[17]. Sie brachte

---

[17] *Nach dem ukrainischen Volksglauben: wenn ein Mensch eine Sache findet, soll er diese zuerst bekreuzigen und erst danach auf- und (auch erst dann) mitnehmen.*

es nach Hause mit und legte in eine Truhe. Am Abend kam ihre Mutter und die Frau wollte ihr das Tuch zeigen. Aber als sie die Truhe aufmachte, sah sie einen schönen Mann statt des Tuches, welcher schlief. Sie erschrak und war überrascht, aber sie entschied, ihrer Mutter über diesen Mann nichts zu erzählen. Sie dachte, dass, wenn er aufwachen würde, er schon weggehen würde. Sie und ihre Mutter aßen das Abendbrot und gingen schließlich zu Bett. Um Mitternacht hörte die Frau, dass der Mann aufwachte. Er nährte sich und legte sich neben sie. Sie fragte ihn: ‚Wer bist du?' – ‚Ich bin Gutsherr.' ‚Warum bist du zu mir gekommen?' – ‚Ich liebe dich und ich werde dich nachts besuchen und dir viel Geld geben.' Dann nahm er ihre linke Brust und fing an zu saugen. Er saugte einige Zeit, dann stand auf und ging weg. Morgens blickte die Frau in die Truhe hinein und fand dort aber den Mann nicht. Sie hoffte, dass er nicht wieder kommt, und erzählte niemandem etwas über den nächtlichen Besuch. Aber nächste Nacht kam er wieder zu ihr und sie fragte ihn: ‚Warum besuchst du mich? Es ist nicht gut, wenn ein Gutsherr eine arme Frau liebt.' Er antwortete: ‚Ich gebe dir dafür einen Sack mit Geld.' Sie konnte kein Wort sagen und er nahm wieder ihre linke Brust und saugte daran. So besuchte er sie jede Nacht zwei Monate lang und nach dieser Zeit brachte er ihr wieder einen Sack Geld. Aber er sagte, dass er wiederkäme. Die Mutter der jungen Frau bemerkte, dass ihre Tochter abgenommen hatte und blass geworden war. Die Mutter fragte sie deshalb: ‚Was ist mit dir? Warum bist du so blass? Wahrscheinlich bist du krank?' Und die Tochter entschied sich, alles zu erzählen. Sie sagte: „Ich bin nicht krank, aber jede Nacht kommt ein Gutsherr zu mir.' – ‚Wofür?' – ‚Er saugt meine Brust.' Die Mutter drückte die Brust ihrer Tochter und sah das Blut. Sie sagte: ‚Ach, meine liebe Tochter. Er saugt dein Blut. Jetzt weiß ich, wer er ist. Er ist kein Mensch.' – ‚Was kann ich gegen ihn unternehmen?' Die Mutter antwortete: „Wir können etwas ersinnen. Hör mir zu: verfertige einige Puppen in menschlicher Größe, bekleide diese, dann decke den Tisch, als ob du ein Fest begehen würdest, und setze die Puppen an den Tisch. Dann öffne die Tür, setze dich auf die Türschwelle, kämme dich und iss Sonnenblumenkerne. Wenn er herbeifliegt und mit dir spricht, sollst du sagen, dass heute deine Hochzeit ist. Wenn er fragt, was du isst, sollst du antworten: „die Sonnenblumenkerne". Die junge Frau machte so, als ihre Mutter ihr gesagt hatte. Um Mitternacht sah sie den Mann; er kam und fragte: "Begehst du heute ein Fest?" _ „Ja, heute ist meine Hochzeit!" Er fragte weiter: „Was isst du?" – „Die Sonnenblumenkerne". Er ärgerte sich und schrie: „Du darfst nicht die Sonnenblumenkerne essen". Und sie antwortete: „Aber der Teufel darf auch nicht die Menschen besuchen". Nach diesen Wörtern schwang er sich in die Luft und verschwand. Die Frau sah ihn nie wieder".

Einer anderen Erzählung nach passierte folgendes: „Zu Ostern gingen die jungen Frauen von der Kirche nach Hause und eine von diesen sah einen silbernen Ring auf dem Erdboden liegen. Sie nahm ihn auf und versteckte in am Busen. Als sie zu Hause angekommen war, wollte sie den Ring herausziehen, aber sie konnte ihn nicht mehr finden. Aber um Mitternacht flog der feurige Drache herbei. Sie erschrak sich und fragte: „Warum bist du zu mir geflogen?" Er antwortete: „Du hast mich gefunden und du warst zu mir so zärtlich". Sie sagte: „Aber ich habe nicht dich, sondern einen Ring gefunden". – „Nein, das war ich". Sie konnte sich vor ihm nicht retten, und er flog jede Nacht herbei und saugte ihre Brust. Die Frau nahm ab und wurde blass und schwach. Ihr Freund fragte sie: „Warum bist du so dünn geworden?" – „Ich habe einen Ring gefunden, aber das war kein Ring, das war der feurige Drache". Ihr Freund sagte: „Ich kann dir einen Rat geben: setze dich in der Nacht ans Fenster, kämme dich und iss die Sonnenblumenkerne. Das hilft dir, dich vor dem feurigen Drache retten". Sie tat dies und als der feurige Drache herbeiflog und sah, dass sie die Sonnenblumenkerne aß, schwang er sich in die Höhe, warf das Feuer, verbrannte die Haare der Frau und sagte: „Du gehörst mir nicht und ich gehöre dir nicht".

Die Hexen

Nach dem ukrainischen Volksglauben existieren zwei Arten von Hexen, die ihre Vertreter sowohl zwischen den Männern als auch zwischen den Frauen haben, - die geborenen Hexen und die gelehrten.

Die geborenen Hexen bekommen die sakramentale Kraft der Hexerei von Natur aus, - die Zauberei liegt ihnen im Blut.

Die gelehrten Hexen bekommen ihre Kenntnisse über die Zauberei, von den geborenen Hexen oder von den bösen Geistern und den Teufeln. Dafür geben diese Hexen ihre Seelen ab. Die gelehrten Hexen sind böser als die geborenen.

Die geborenen Hexen haben manchmal gute Beziehungen zu den Menschen und es ist bekannt, dass sie den Menschen von Zeit zur Zeit Wohlwollen entgegenbringen: So helfen sie einigen Menschen verschiedene Krankheiten zu heilen, oder sie schützen Menschen auch vor den Übeltaten der bösen gelehrten Hexen. Wegen ihres Tätigkeitscharakters vergleicht man die geborenen Hexen oft mit den Kurpfuschern, aber die Hexen unterscheiden sich wesentlich von den Kurpfuschern durch ihre natürlichen Begabungen. Die Kurpfuscher, z.B. können sich nicht verwandeln.

Die gelehrten Hexen sind den geborenen unterstellt. Manchmal nennt man die geborenen Hexen – „Upyr" (die Vampire). Aber meistens benutzen die Menschen dieses Wort, wenn sie die umherschweifenden Toten beschreiben. Und wie sich herausstellt, waren diese toten Blutsauger zu ihren Lebzeiten die Hexen oder die Menschen, die mit den bösen Geistern und mit dem Teufel in Verbindung standen.

Wie wir schon weiter oben ausgeführt haben, sind die gelehrten Hexen bösartiger als die geborenen, und deshalb thematisieren die Volkserzählungen meistens diese Hexen und ihre Handlungen.

Die Hexen können sich verwandeln, sie fliegen in der Nacht und sie können dafür sorgen, dass sich die Menschen verirren. Sie lenken die Aufmerksamkeit der Menschen ab (wenn ein Mensch auf etwas schaut, sieht er das nicht, als ob er blind wäre) und sie herrschen über die Natur: das Gewitter, den Regen, den Hagel, den Sturm und die Dürre. Wegen dieser Begabungen vergleicht man die Hexen mit den Zauberern und in einigen Volkserzählungen gibt es keinen ersichtlichen Unterschied zwischen den Hexen und Zauberern. Es gibt auch Erzählungen über die Tätigkeit der Hexen nach dem Tod: sie verlassen dann ihre Gräber, um die Menschenhäuser zu besuchen und um dort über die Menschen herzufallen. Sie stehlen die

Kinder der Menschen um ihnen das Blut auszusaugen, diese umzubringen und zu essen. Man beschreibt diese Hexen als Personifizierung der blutdurstigen Wesen und des Todes.

So sehen wir, dass die Volksvorstellungen von den Hexen zwei große Anfänge des Lebens einschließen: Gutes und Böses und ihr ewigdauernder Kampf. In den zahlreichen Erzählungen beschreibt man den guten und hellen Anfang immer matter und farbloser als den entgegengesetzten bösen und dunklen Anfang, der immer ausdrucksvoll beschrieben ist. Aber in diesen Erzählungen findet man die unvergängliche und unverbrüchliche Wahrheit: den Sieg des Lichtes über der Dunkelheit.

Die meisten der Erzählungen teilen uns die Begebenheiten des Hexenlebens und ihrer Begabungen mit. Hier finden Sie die Geschichten über die bösen Tätigkeiten der gelehrten Hexen und bitte bemerken Sie, dass die geborenen Hexen sehr oft nur die Lehrerinnen sind, und obgleich sie große Kenntnisse besitzen und große Erfahrung haben, fügen sie den Menschen weniger Schaden, als ihre freiwilligen Lehrlinge zu. Mehr als das, Sie können sehen, dass die geborenen Hexen sogar versuchen den Schaden wieder gutzumachen (den Schaden, den sie selbst oder die gelehrten Hexen zu verantworten haben), wenn man darum bittet.

Die Nachtflüge der Hexen zum Sabbat versteht man als Verpflichtung, die ihnen wegen ihrer Tätigkeit auferlegt ist. Deshalb erschreckt diese Begabung der Hexen die Menschen nicht und sie wenden sich ab und zu an die Hexen, um sie um die Hilfe zu bitten. Im Allgemeinen befolgen die Menschen den Rat der Hexen und manchmal haben sie sogar Vertrauen zu den Hexen und ihren Wörtern.

Hier schlagen wir Ihnen eine Erzählung vor: „Am Abend vor Ostern[18] kam eine Frau zu ihrer Nachbarin, die als Hexe bekannt war. Sie unterhielten sich einige Zeit, aber als die Nachbarin das Glockengeläut hörte, fing sie an sich anzuziehen. Die Frau fragte sie: „Mütterchen[19], machen sie sich für die Kirche fertig?" – „Nein, meine Liebe! Ich gehe nicht in die Kirche, denn ich muss wegfliegen". „Wohin, Mütterchen?" – „Besser, du würdest mich dies nicht fragen, ich muss, - ob man will oder nicht, aber man muss". „Wenn Sie, Mütterchen, in die Kirche gehen und zu Gott beten würden, könnte Sie niemand beleidigen und Ihnen Schaden zufügen". – „Nein, meine Liebe. Ich darf nicht: wenn ich nicht dahin fliege, dann kommen SIE selbst zu mir und nehmen mich mit und ich stürze mich ins Unglück! Ich

---

[18] An diesem Abend fliegen die Hexen üblicherweise zum Sabbat.

[19] In der ukrainischen Sprache ist „Mütterchen" die Anrede für eine alte Frau.

muss fliegen". „Aber darf ich gucken, wie Sie fliegen?" – „Warum nicht". Die Hexe stellte sich an den Rauchabzug und flog plötzlich als eine Wolke durch den Rauchabzug hinaus".

Wie wir schon vorher beschrieben haben, vergleicht man in den Volkserzählungen die Hexen mit den Kurpfuschern, da sich die Art ihrer Tätigkeiten ähnelt, genauso wie die Sachen, die sie benutzen. Die Kurpfuscher, die sich z.B. mit der Wahrsagerei beschäftigen, messen der Piksechs eine große Bedeutung bei. Alle Hexen haben unbedingt eine Piksechs, denn diese Karte hilft, die Zukunft voraussagen und sich verwandeln. Damit diese Karte die außerordentliche Zaubereigenschaft bekommen kann, soll eine Hexe folgendes tun: Zu Ostern soll sie eine Piksechs nehmen, in ihre Tasche legen, in die Kirche gehen und bis zum Gottesdienst bleiben. Hier soll die Hexe zuhören und warten bis der Geistliche sich an die Kirchenbesucher wendet und sagt: „Christus ist auferstanden", und wenn die Kirchenbesucher ihm antworten: „Wirklich auferstanden", dann soll die Hexe leise sagen: „Ich habe eine Karte in meiner Tasche". Infolgedessen bekommt die Piksechs ihre sakramentale Zauberkraft.

Die prophetischen Kenntnisse der geborenen Hexen geben ihnen die Kraft, vor den tückischen Taten der gelehrten Hexen zu warnen und diese zu vernichten. In verschiedenen Erzählungen können wir finden, dass eine alte Frau, die als Hexe bekannt war, einen jungen Mann rettete und dass ein Kurpfuscher Neuvermählte vor einer gelehrten Hexe schützte, oder als weiteres Beispiel, dass ein Hexenmeister einem Mann, den seine Frau in einen Vogel verwandelt hatte, sein übliches Menschenäußeres zurückgab.

Die Begabungen der Hexen für Verwandlungen ist, nach dem Volksglauben, endlos. Die Hexen können sich in eine Nadel und in einen Heuhaufen, in eine Fliege und in ein Pferd, in einen langsamkriechenden Balken und in einen schnellen Wirbelwind verwandeln. Wie kann man dieses wunderbare Talent erklären? Die meisten Menschen sagen, dass die Hexen dieses Talent von den bösen Geistern erhalten. Die bösen Geister und der Teufel helfen ihnen dabei, die Menschen zu behexen und die Aufmerksamkeit zu zentrieren oder abzulenken: die Menschen sehen dann nur die Sachen und Dinge, die die Hexen ihnen zeigen oder die Menschen sehen nichts, als ob sie blind wären. Es ist allgemein bekannt, dass der Körper der Hexe unwandelbar bleibt, es verwandelt sich nur die Seele: der leblose Körper bleibt während der Zeit zu Hause liegen, während die Seele sich verwandelt und die Menschen in verschiedenen Gestalten besucht. Einmal kam z.B. ein Mann zu einer Hexe, und sah den leblosen Körper der Hexe auf dem Fußboden liegen. Er drehte den Körper um und wartete, bis die Seele zurückkam. Als die Seele von dem „Nachtabenteuer" dann endlich wieder zurückkehrte, ging sie und flog um ihren Körper (bald als ein Huhn, bald als eine Gans, bald als eine Fliege, bald als eine Biene) um irgendwie in ihren Körper hineinkommen. Aber sie konnte solange nicht wieder in ihren Körper, bis der Mann den Körper wieder in die ursprüngliche Lage gelegt hatte.

Wir finden aber auch entgegengesetzte Erzählungen, wo Fälle beschrieben werden, wo nicht die Seele, sondern der Körper einer Hexe sich verwandelt. So erscheint z.B. statt eines Hundes mit abgehackten Pfoten, oder eines beschlagenen Pferdes oder einer eingefädelten Nadel, morgens nicht eine körperlose Seele sondern eine Hexe mit den abgehackten Fingern, oder mit den Hufeisen an Beinen und Händen, oder mit eingefädelten Ohren. Wir können diesen Gegensatz in der ukrainischen Dämonologie nicht erklären, - diese Frage braucht weitere detaillierte Erforschungen.

Ist es nicht interessant, dass man dem Teufel und seiner Dienerschaft sehr oft große Schande machen kann, und dies, obwohl alle von ihnen über die übernatürlichen Kräfte herrschen. In der ukrainischen Dämonologie gibt es sehr viele Erzählungen darüber, dass die Menschen die Hexen verhöhnen und diese sogar verprügeln. So kann z.B. jeder Erstgeborener eine Hexe verprügeln mit einem ersten besten Stab. Auch jeder Mensch, der einen Espenpfahl hat, hat Macht über die Hexe und kann ihr Schläge versetzen. Auch ein tapferer Mensch braucht keinen Talisman gegen die Hexen, er soll nur mit aller Wucht auf eine Hexe schlagen, sie mit der linken Hand an ihre Haare fassen und schon kann er alles mit ihr machen, was er wünscht. Die Hexe darf dann weder piepsen und schreien, noch sich widersetzen.

Ein Mann erzählte uns folgende Geschichte: Als er in einem Dorf war, wurde ihm eine alte Frau mit einem verunstalteten Gesicht gezeigt. Die Dorfbewohner sagten, dass sie eine Hexe sei und die Verunstaltung unter folgenden Umständen bekommen hatte. Am späteren Abend fuhr ein Bauer mit dem Schlitten an eine Mühle und brachte Säcke mit Roggen. Er bemerkte, dass eine Ratte dem Schlitten folgte und versuchte auf die Säcke zu springen. Solange der Mann versuchte die Ratte zu verjagen, blieb sie sitzen. So fuhr er mit der Ratte bis zur Mühle. Er berichtete dem Müller über das wunderliche Verhalten der Ratte, und der Müller sagte: „Ich weiß, was für eine Ratte dies ist. Sie hängt mir zum Halse heraus. Nun sorge ich dafür, dass sie nie wieder kommt". Es gelang ihm die Ratte zu fangen und er nahm sie und warf in den Mörse. Dann befiel er seinem Arbeiter, die Ratte drei mal mit der Mörserkeule zu schlagen und danach ans Ufer herauszuwerfen. Am nächsten Morgen wurde eine alte Frau am Ufer gefunden: sie war blutbedeckt und hatte ein schwerverunstaltetes Gesicht und eine gebrochene Hand. So können Sie hier sehen, auf welche Weise das ukrainische Volk mit den Hexen verfährt, wenn die Hexen ihnen in die Hände fallen, und hier hilft ihnen dann weder Kraft noch Hexerei.

Als wir die Dorfbewohner fragten: „Was für ein Wesen ist eine Hexe?", antworteten fast alle: „Eine Hexe ist eine Frau, die die Kühe anderer Menschen melkt und die den Kühen Schaden bringt".

Die Dorfbewohner geben der Hexe verschiedene Namen. Einige nennen sie

- „Wolozjuga" (eine Vagabundin), weil sie überall umherstreift. Andere nennen sie
- „Netschist" (böse Geistin), weil sie mit den bösen Geistern verkehrt und böse Taten tut. Wieder andere nennen sie
- „Pogan" (ein Ekel), denn alle Hexen haben eine leidenschaftliche Natur und sind sehr sinnlich. Andere nennen sie
- „Lycha Lytschina" (eine gemeine niederträchtige Person), weil sie sich in die Gestalt von anderen Menschen verwandelt und dann in dieser Gestalt verschiedene böse und gemeine Taten tut. Schließlich und endlich nennt man sie auch
- „Widjuga, Widmatschka" (eine Wahrsagerin), weil sie die Geheimnisse der Menschen kennt und die Zukunft voraussagen kann.

Die alten Hexen haben bezeichnende Gesichtszüge und nur dadurch kann man eine Hexe leicht von einer normalen Frau unterscheiden. Aber es ist sehr schwer, eine junge Hexe anhand ihres Äußeren oder an ihren Gesichtszügen zu erkennen und von anderen Frauen zu unterscheiden. Sie verraten sich höchstens durch ihre Leidenschaft und durch ihre leicht verliebte Natur, denn sehr oft machen sie den jungen Männern offenbar die Cour[20].

Auf folgende Weise beschrieb eine Bäuerin eine Hexe: die Hexe ist eine Greisin, ihre Gestalt ist hoch, dünn, mager, knochig und ein bisschen gekrümmt. Sie hat wirre oder zerzauste Haare, große gelbe oder graue Augen, mit einem bösen und schiefen Blick starrt sie unter den zusammengezogenen Augenbrauen hervor (niemals sieht sie den Menschen direkt in die Augen). Sie hat einen großen Mund, schmale Lippen, ein gekrümmtes Kinn

---

[20] Cour, *(französisch „Hof")* feierlicher Empfang, jemandem „den Hof machen".

und lange Hände. Man sagt auch, dass jede geborene Hexe einen kleinen beweglichen Schwanz und einen schwarzen Haarstreifen längs des Rückens hat.

Wenn Sie sich überzeugen möchten, dass eine Frau, die als eine Hexe gilt, wirklich eine Hexe ist, schlägt man folgende Verfahren vor:

- Gehen sie zu der Strasse, wo eine Hexe wohnt und spucken Sie hinter sich: die Hexe läuft dann sofort aus ihrem Haus heraus.
- Nehmen Sie warme frische Kuhmilch und begießen sie damit den Kehricht, der draußen liegt - unverzüglich kommt eine Hexe dorthin, denn sie kann nicht anders: Sie langweilt sich und kann krank werden.
- Nehmen Sie die Milch einer Kuh, die nachts von einer Hexe gemelkt wurde. Gießen Sie diese Milch in eine Pfanne hinein und stellen sie die Pfanne auf die Flamme – die Hexe kommt sofort zu Ihnen, denn je wärmer die Milch wird, desto schlechter fühlt sich die Hexe. Sie fühlt sich so, als ob ihre inneren Organe verbrennen würden. Wenn die Hexe dann in ihr Haus eintritt, bittet diese sie, ihr etwas zu geben oder zu leihen. Sie sollten keine Aufmerksamkeit auf ihre Bitte richten. Wenn sie versteht, dass Sie ihr kein Ding geben, bittet sie sie die Pfanne von der Flamme wegzunehmen und sagt, dass das abkochen der Milch ihr wehtut. In dieser Zeit dürfen Sie alles mit der Hexe machen, was Sie sich wünschen. Sie schwört Ihnen auch, Ihre Kühe nie wieder zu melken.
- Kochen Sie Kuhmilch in der Pfanne ab und gießen Sie diese auf der Türschwelle aus. Sofort kommt die Hexe und fragt: „Wofür peinigen Sie das Vieh?”
- Folgende Weise benutzt man in der Periode der Osternfastenzeit und einer Woche zuvor. An jedem Sonntag legen Sie ein kleines Stäbchen auf den Ofen (oder auf den Kamin). So sammeln Sie sieben Stäbchen (in der Ukraine dauert die Osternfastenzeit sechs Wochen, in dieser Zeit darf man weder Fleisch noch Milch enthaltende Speisen essen. Und in der Woche vor der Fastenzeit darf man keine Molkereiprodukte essen. Das heißt, dass man insgesamt sieben Wochen lang fastet). Zu Ostern, wenn Sie aus der Kirche nach Hause zurückkommen, nehmen Sie diese Stäbchen und zünden diese an. Sofort kommt eine Hexe und bittet Sie, ihr das Feuer zu geben.
- Wenn Sie möchten, dass eine Hexe zu Ihnen kommt, nehmen Sie eine kleine, mit Quark gefüllte Pastete und legen sie sich diese in den

Mund. Gehen Sie ins Bett und behalten Sie diese Pastete die ganze Nacht im Mund. Morgens kommt eine Hexe zu ihnen und bleibt solange, bis Sie ihr eine Brotscheibe geben.

- An einem Tag in der Woche vor der Osternfastenzeit machen Sie eine kleine Pastete mit Quark. Kochen sie diese und ziehen Sie dann den Quark heraus. Nehmen Sie diesen Quark in den Mund und gehen sie damit ins Bett. Am nächsten Morgen ziehen Sie den Quark aus dem Mund und wickeln ihn in einen Stoffgürtel. Während der Fastenzeit sollen Sie zwölf mal eine Kirche besuchen und dabei sollten sie diesen Gürtel immer mithaben. Zu Ostern nehmen Sie diesen Gürtel wieder mit und gehen in die Kirche zum Morgengottesdienst. Nach dem Gottesdienst gehen Sie um die Kirche ringsherum und dann wird eine Hexe zu Ihnen kommen und Sie bitten, ihr den Quark zu geben. Oder: beim Morgengottesdienst, wenn Sie das Glockenläuten hören, gehen Sie in den Glockenturm, den Quark im Mund haltend und schauen von dort auf die Menschen: zwischen den Menschen sehen Sie alle hiesige Hexen und in dieser Zeit können Sie auch sehen, welche Gestalten die Hexen üblicherweise annehmen.

- „Ein Mann wollte wissen, wie viel Hexen in seinem Dorf wohnten, und entschied folgendes zu machen: in der Fastnachtswoche machte er eine große Pastete und füllte diese mit dem Quark. Am Abend kochte er diese Pastete, aber aß nur den Pastetenteig, - den Quark aber nahm er in den Mund und behielt ihn dort bis zum Morgenrot. Morgens zog er den Quark aus dem Mund heraus, wickelte ihn in ein Tuch und hängte es an einen Nagel. Als dann die Osternzeit kam, nahm er diesen Quark und ging in die Kirche. Sofort als er in die Kirche eintrat, kam eine alte Frau zu ihm und sagte: „Mein Lieber, gib mir, was du hast". Der Mann fragte: „Was ich habe?" Die Frau antwortete: „Etwas, dass du die ganze Nacht im Mund hieltest". Nach diesen Worten verstand der Mann, dass diese Frau eine Hexe war. Die Hexe gab dem Mann einen Beutel mit Geld und bat ihn noch einmal ihr den Quark zu geben. Danach kamen noch sechs Hexen und alle baten um den Quark. Der Mann sagte, dass er eine Tarnkappe für den Quark bekommen wollte. Die älteste Hexe verwandelte sich in eine Katze und lief weg, um die Tarnkappe zu holen. Nach einiger Zeit kam sie zurück und brachte die Tarnkappe mit. Sie gab diese dem Mann und bekam dafür den Quark. Seit dieser Zeit ist der Mann viel reicher geworden".

- Wenn Sie zu Ostern in der Kirche beim Morgengottesdienst anwesend sind, beobachten Sie die Menschen um sich herum, denn wenn ein Geistlicher ein Gebet ausspricht, versucht jede Hexe an die Türklinke zu fassen.
- Wenn Sie in der Karwoche in die Kirche gehen, nehmen Sie Mohn in den Mund. In der Kirche kommt eine Hexe zu Ihnen und bittet sie den Mohn aus dem Mund herauszuziehen.
- Wenn eine Hexe Ihre Kühe melkt, kochen Sie zu Ostern Sauermilch. Dann kommt zu Ihnen eine Frau, die eine Hexe ist, und fragt: „Was kochen Sie?"
- Um zwischen den Frauen eine Hexe zu erkennen, sollen Sie folgendes machen: Zum Dreikönigsfest nehmen Sie einen kleinen Stab, womit man die Löcher macht und bringen ihn nach Hause mit. Bewahren Sie diesen Stab zu Hause bis zu Ostern auf. Zu Ostern stecken Sie den Stab dann in Ihren Ärmel und gehen in die Kirche. Nach dem Gottesdienst, wenn die Kirchenbesucher aus der Kirche herausgehen, ziehen Sie den Stab ein bisschen aus dem Ärmel. Wenn eine Hexe sich zwischen den Menschen befindet, streckt sie ihre Zunge heraus. Je weiter Sie Ihren Stab aus dem Ärmel ziehen, desto mehr streckt die Hexe ihre Zunge heraus. Aber nur Sie können diese Hexe sehen, - die anderen Menschen sehen sie nicht.
- Wenn Sie eine Frau verdächtigen, eine Hexe zu sein, sollen Sie Ihre Türschwelle mit geweihtem Wasser bespritzen (dem Wasser, dass Sie am Dreikönigsfest dem Fluss entnommen haben) oder mit Kreide ein Kreuz zeichnen, bevor diese Frau in Ihr Haus eintritt. Wenn sie wirklich eine Hexe ist, dann tritt sie nicht über Ihre Türschwelle und auf keinen Fall kommt sie in Ihr Haus hinein: „Bei mir wohnte eine Nachbarin, und ich war überzeugt, dass sie eine Hexe war. Nach dem Dreikönigsfest begossen einige Jungen diese Frau mit dem geweihten Wasser. Am Abend begann es plötzlich zu regnen und in der Nacht hat jemand (oder etwas) die Gesichter der Jungen verstümmelt. Als sich diese Frau von mir ein Sieb lieh, wollte ich nicht zu ihr gehen und das Sieb zurücknehmen. Ich wartete, bis sie es mir brachte. Eines Tages sah ich, dass sie kam und das Sieb mitbrachte. Sofort nahm ich die Kreide und zeichnete das Kreuz auf meine Türschwelle. Sie öffnete die Tür, aber trat nicht über die Türschwelle und sagte: „Danke sehr fürs Sieb. Nehmen Sie es, bitte!" Und ich antwortete: „Kommen

Sie herein und legen sie es auf den Tisch". Sie warf das Sieb ins Haus und lief weg. Sie besuchte mich nicht wieder".

- Einige Dorfbewohner sagen auch, dass wenn Sie wissen möchten, wer in dem Dorf eine Hexe ist, sollen Sie am 7. Juli eine Lindenrute nehmen und damit eine Kuh treiben. Dann kommt eine Hexe und bittet Sie, ihr diese Rute zu geben. Andere Dorfbewohner sagen aber, dass man auf keinen Fall mit einer Lindenrute die Kühe treiben darf, dafür soll man nur eine Eschenrute benutzen, denn die Kühe können abmagern, wenn man eine Lindenrute benutzt. Wenn man mit einer Eschenrute die Kühe treibt, nehmen sie zu und werden fett.
- Am 7. Juli, wenn Sie das Lagerfeuer angemacht haben, setzen Sie sich mit Ihren Freunden darum herum und warten. Wenn eine Frau kommt und darum bittet, ihr das Feuer zu geben, ist sie eine Hexe.
- Es gibt noch einige charakteristische Merkmale, die helfen, eine Hexe erkennen. Keine Hexe nimmt an der Kirchenprozession zu Pfingsten teil. Die Hexen mögen das Wasser nicht und wenn es regnet, können sie schnell krank werden. Die Hexen können nur beim Sonnenregen im Fluss baden. Keine Hexe kann eine Patin sein, wenn eine Hexe aus irgendwelchem Grund einverstanden ist, eine Patin zu werden, dann wird sie entweder bei der Taufe krank sein (sobald ein Geistlicher anfängt, ein Kind zu taufen), oder das stirbt Kind.

Wie oben schon gesagt, unterscheidet man die geborenen und die gelehrten Hexen. Die geborenen Hexen haben die Kunst der Hexerei in ihrem Blut.

Doch führt dies hier zu der Frage: auf welche Weise können die Frauen Hexen werden, oder wie bekommen die gelehrten Hexen die Kenntnisse über die Hexerei und die Begabung für die Verwandlungen? Wir haben ja Ihnen schon erzählt, dass die gelehrten Hexen die Kenntnisse von den geborenen Hexen oder vom Teufel direkt und von den bösen Geistern erhalten. Es gibt aber noch einige andere Arten, die dabei helfen, zu einer Hexe zu werden.

Wenn also eine Frau eine Hexe werden will, soll sie das Heiligenbild der Mutter Gottes[21] nehmen und damit an eine Wassermühle gehen. Dort legt sie dann das Heiligenbild auf den Erdboden und tritt es mit den Füßen,

---

[21] Sie sollte möglichst dasselbe Heiligenbild nehmen, das sie von ihren Eltern bekommen hat, als diese ihren Segen zu ihrer Ehe gaben. Nach ukrainischem Brauch sollte jede junge Frau von ihren Eltern den Segen zu ihrer Ehe erhalten. Wenn die Eltern dann ihre Tochter und ihren zukünftigen Ehemann segnen, geben sie ihnen ein Heiligenbild der Heiligen Maria.

wobei sie das „Unser Vater" (Vater Unser) drei mal umgekehrt liest: „Nesöb med nov snu etterre nrednos, gnuhcusreV ni thcin snu erhuefdnu; nebah nebegrev nrendluhcS neresnu riw hcua eiw, nedluhcS eresnu snu bigrev dnu; etueh snu big troB sehcilgät ersnU! NedrE fua hcua os lemmiH mi eiw, ehehcseg elliW nied; emmok hcieR nied; emaN nied edrew tgilieheg, nlemmiH ned ni stib ud red, retaV resnU!" Wenn sie alles richtig gemacht hat, kommt der Teufel (oder die bösen Geister) zu ihr und helfen ihr im Weiteren eine Hexe zu werden. Sie erhält die Kraft der Hexerei und das Talent, sich zu verwandeln.

Oder: um eine Hexe zu werden, soll eine Frau in eine Dreschmaschine hineinklettern und drei Purzelbäume über das Messer (das dabei mit der Spitze nach oben stehen soll) schlagen. Dabei sagt sie verschiedene Wörter, die nur die alten Hexen kennen und die ein großes Geheimnis sind. Diese Wörter lernt die Frau, wenn eine alte Hexe auf dem Sterbelager liegt, denn dann teilt sie dieses Geheimnis ihren Verwandten mit, wenn diese auch eine Hexe werden möchten. In jedem Fall wäscht die alte Hexe ihre Lehrling mit einem Absud (oder reibt sie mit einer Salbe ein), damit fliegt der Lehrling dann durch die Ofenrohre heraus und wenn sie zurückkehrt, ist sie schon zu einer Hexe geworden. Natürlich ist hier die Hexenausbildung nicht abgeschlossen: um eine echte Hexe zu werden, soll sich eine Frau einige Zeit auf dem Kahlberg in Kiew aufhalten. Zum Kahlberg fliegen alle Hexen an den Vorabenden der Heiligen Feste. Hier treffen sie sich mit den bösen Geistern und Vampiren, und danach veranstalten sie manchmal Tänze und Spiele.

„Eines Tages übernachtete ein Soldat bei einer Witwe, die eine Hexe war. In der Nacht, als er schon im Bett lag, hörte er, dass sich einige Frauen in diesem Haus versammelten. Es war Mitternacht und er verstand, dass diese Frauen keine gewöhnlichen Gäste waren. Er hatte schon viel über die Hexen gehört und entschied, dass die zu Besuch gekommenen Frauen die gelehrten Hexen waren und die Witwe eine geborene Hexe war. Er tat, als ob er schliefe, und beobachtete sie heimlich. Die Witwe bereitete eine Salbe und stellte diese auf den Tisch. Als alle Hexen sich gesammelt hatten, kamen sie der Reihe nach an den Tisch und rieben ihre Achselhöhlen mit dieser Salbe ein. Sobald eine Hexe sich mit der Salbe eingerieben hatte, flogen sie durch die Röhre heraus. Als alle Hexen weggeflogen waren, stand der Soldat auf und ohne sich lange zu besinnen, rieb auch er seine Achselhöhlen mit der Salbe. Er fühlte, dass ihn etwas durch die Röhre hinaustrug und ihn irgendwohin brachte. Plötzlich befand er sich auf dem Kahlberg und sah dort die Witwe mit ihren Freundinnen. Sobald die Witwe den Soldaten erblickt hatte, kam sie zu ihm und fragte: „Wofür bist du hierher gekommen?" Er antwortete aber nicht. Da gab sie ihm ein Pferd und befahl ihm, möglichst schnell von hier wegzureiten. Sie erklärte ihm, dass er zu dem Pferd weder „los!" noch „halt!" sagen durfte. Der Soldat schwang sich also auf das Pferd und ritt sofort weg. Unterwegs aber dachte er: „Ich wäre Dummkopf, wenn ich weder „los!" noch „halt!" sagen würde", und er schrie: „Los!" Sobald er dieses Wort geschrieen hatte, flog er herunter und fiel in einen dichten unwegsamen Wald. Dort war es so dunkel, dass man den Mond, den Himmel und die Sterne nicht sehen konnte. Erst am vierten Tag konnte er heimkehren".

In anderen Erzählungen finden wir folgende Beschreibungen: in der Nacht, wenn alle ihre Familienangehörigen eingeschlafen sind, setzt die Hexe sich auf einen Spaten, fliegt durch die Röhre und begibt sich nach Kiew auf den Kahlberg. Auf dem Kahlberg sammeln sich alle böse Geister und Hexen zum Sabbat. Der Sabbat geschieht an den Vorabenden der großen Heiligen Feste (der wichtigste Sabbat ist in der Nacht vor Ostern). Er beginnt nach dem Sonnenuntergang und dauert, bis man den ersten Hahnenschrei hört. Es ist bekannt, dass die bösen Geister und die Hexen versuchen, vor dem ersten Hahnenschrei vom Sabbat wegzufliegen, gelingt ihnen das aber aus irgendwelchen Gründen nicht, müssen sie bis zur nächsten Nacht auf dem Kahlberg bleiben. Während des Sabbats tanzen und spielen die bösen Geister mit den Hexen, die Teufel kokettieren mit den Hexen, aber wir wissen nicht genau, ob sie auch Geschlechtsverkehr miteinander haben. Man sagt, dass vor sehr langer Zeit zufällig ein Mann auf den Kahlberg geriet und danach allen Menschen über den Sabbat erzählte.

Folgende Geschichte erzählte uns eine alte Frau: „In unserem Dorf wohnte eine Frau und ich wusste, dass sie eine Hexe werden wollte. Einmal ging sie an den Fluss und blieb bis Mitternacht am Ufer sitzen. Um Mitternacht kam der Teufel aus dem Fluss heraus und fragte: „Warum sitzest du hier?" Sie antwortete: „Mache mich zu einer Hexe". Der Teufel sagte: „Ich mache dich zu einer Hexe, wenn du einverstanden bist, jeden Monat mit mir zu tanzen". Sie gab ihm ihr Einverständnis, einmal im Monat, am Sabbat mit ihm zu tanzen und dann machte er sie zu einer Hexe. Bald erkannten alle Dorfbewohner, dass sie eine Hexe geworden war. Sie hatte eine erwachsene Tochter und natürlich behaupteten die Menschen, dass auch ihre Tochter eine Hexe geworden war. Aber ein junger Mann vertraute nicht darauf und heiratete die junge Frau. Die Jungverheirateten lebten in Eintracht, bis der Mann bemerkte, dass seine Frau immer einmal im Monat krank wurde. Aus welchem Grund, wusste er nicht. In einer Nacht hörte er, dass seine Frau ihm etwas unter das Kissen legte, dann stand sie auf und ging auf den Flur heraus. Da guckte er unter das Kissen und sah drei Knoten. Er nahm diese und warf sie zum Fenster hinaus. An die Knoten lief ein Hund heran, beschnupperte diese und sofort legte er sich auf den Erdboden und schlief ein. ‚Eine schöne Geschichte!' – dachte der Mann und tat weiterhin, als ob er schliefe, um heimlich beobachten zu können was seine Frau weiterhin tat. Seine Frau trat ins Zimmer hinein und mit ihr kamen noch viele andere Hexen rein. Als sie sich versammelt hatten, zogen sie einen Topf mit irgendeiner Salbe unter der Türschwelle hervor. Später erzählte die Frau ihrem Mann, dass diese Salbe aus Hundeknochen, Katzengehirn und Menschenblut bestand. Dann rieben sich alle Hexen mit dieser Salbe ein und redeten dazu: „Fliege, fliege auf den Kahlberg", und dann flogen die durch die Röhre hinaus. Als alle schon weggeflogen waren, stand der Mann auf und rieb sich auch mit der Salbe ein und sagte: „Fliege, fliege auf den Kahlberg", und flog dann auch durch die Röhre hinaus. Nach kurzer Zeit fand er sich auf dem Kahlberg wieder, wo die Hexen und die bösen Geister den Sabbat begingen. Er versteckte sich hinter einem Balken damit niemand ihn sehen konnte und beobachtete die Anwesenden heimlich. Plötzlich sah er seine Frau, die mit dem Teufel tanzte und der Teufel hatte die Bullenhörner und den Löwenschwanz. Der Mann konnte nicht diese Schande ertragen und schrie: „Verdammter Teufel! Lass meine Frau in Ruhe!" Sobald er diese Wörter geschrieen hatte, erschrak er und versteckte sich wieder hinter dem Balken. Der Teufel aber hörte den Schrei, hörte auf zu tanzen und lief weg um den Mann zu suchen. Aber seine Frau kam dem Teufel zuvor. Sie führte ihrem Mann ein großes weißes Pferd heran und sagte: „Setze dich schnell aufs Pferd und reite nach Hause, andernfalls geraten wir in die Klemme". Nachdem er heimgekehrt war, band er das Pferd an einen Baum neben seinem Haus. Danach ging er ins Haus, legte sich ins Bett und schlief ein. Morgens wollte er aufs Pferd schauen, aber statt des Pferdes sah er nur einen großen weißen Stab. Er ärgerte sich und fragte seine Frau, was für eine Beziehung sie mit dem Teufel hatte und warum sie die letzte Nacht mit ihm getanzt hatte. Sie antwortete: „Die Schuld liegt nicht bei mir. Das ist wegen meiner Mutter passiert. Aber ich kann nichts verändern. Ich soll mein Kreuz tragen."

Nach den Worten einer Greisin, kann eine Frau auch auf die folgende Weise eine Hexe werden. Wenn eine Kuh (oder ein Pferd) verendet ist, schleppt man den Kadaver auf eine Wiese. Dann, in der dunklen Nacht, geht die Frau die eine Hexe werden will, zu diesem Platz. Sie soll eine Zeitlang auf die Kuh schauen und sich dann auf die Kuh werfen. Dann macht sie schnell ein Loch in die Kuhflanke und dringt ins Innere ein. Sie bleibt einige Zeit im Inneren und kriecht dann durch die andere Kuhflanke wieder heraus. Schon wenn sie wieder aus der Kuh heraussteigt, ist sie eine gelehrte Hexe, die die Begabung hat und sich in verschiedene Sachen und Tiere verwandeln kann. Von dieser Zeit an, tut sie böse Taten, melkt fremde Kühe (wodurch diese verenden können), sie fliegt auf den Kahlberg nach Kiew und sie rächt sich an den Menschen für Beleidigung. Man sagt, dass man eine Hexe mit einem Stück Achse verletzen kann, aber nur dann, wenn man mit aller Wucht nach ihrem Schatten schlägt.

Man erzählt noch folgende Begebenheit: Wenn eine Frau eine Hexe werden will, soll sie zu einer geborenen Hexe gehen, und sich vorher von Gott lossagen. Die geborene Hexe reibt die Achselhöhlen der Frau mit Espenrinde[22] und befiehlt dieser Frau, sich um die Leinen herumzudrehen (diese Leinen zieht die Hexe durch ihr Haus). Danach verwandelt sich die Frau in eine Elster und fliegt mit der geborenen Hexe in Kiew auf den Kahlberg, wo sie die Kenntnisse über Hexerein und Zauberbegabungen erhält.

„Ein umherziehender Mann kam zu einer Greisin und bat sie, bei ihr zu übernachten zu können und sie ließ ihn hinein. Als er ins Haus eintrat, sah er, dass der Fußboden mit gelben Lehm bedeckt ist und die Leinen durch das ganze Haus gezogen sind. Er war überrascht und fragte: „Wofür brauchen Sie so viel Leinen im Haus?" Sie antwortete: „Manchmal lassen die Menschen mich ihre Wäsche waschen, und ich hänge die Wäsche auf diese Leinen und lasse sie trocknen. So kann ich ein bisschen Geld verdienen". Aber die Greisin hatte gelogen. Die Greisin war die älteste geborene Hexe in dem Dorf und die jungen Hexen sammelten sich nachts bei ihr um ihre Zauberkünste zu vervollkommnen. Während dieser Mann bei der Greisin war, sah er in der Nacht, dass einige Frauen zur Greisin kamen und als sich alle versammelt hatten, wiederholten sie, was die Greisin ihnen zeigte: sie rieb ihre Achselhöhlen mit der Espenrinde ein, drehte sich um eine Leine herum, verwandelte sich in eine Elster und flog durch die Röhre weg. Alle anderen Frauen machten dasselbe und in Gestalt von Elstern flogen sie weg. Nach einigen Stunden kehrten sie alle zurück, nahmen ihre übliche Gestalt an und erzählten einander, was sie in dieser Nacht gemacht hatten. So prahlten die jungen gelehrten Hexen vor der alten Hexe".

---

[22] Die Espe ist ein Laubholz das in ganz Europa weit verbreitet ist. Andere Namen sind: topola (pol.), Zitterpappel und Aspe. Das Kernholz variiert in der Färbung von Rahmweiß bis sehr strohfarben und ist bei einigen Spezies blass- oder rosabraun. Sie lässt sich leicht von Hand und maschinell bearbeiten, erfordert aber sehr scharfe Werkzeuge.

Es gibt noch eine allbekannte Weise, wie man eine Hexe werden kann. In der Nacht am 6. Juli soll man sich vor dem Kreuz ausziehen, dann ein Heiligenbild, ein Messer und einen Brotlaib mitnehmen und an den Fluss gehen. Hier sollen sie den Brotlaib und das Heiligenbild ans Wasser legen und dann den Brotlaib mit dem Messer durchstechen, danach einen Purzelbaum schlagen und auf das Heiligenbild treten. Danach hilft ihr der Teufel, die Begabung für Verwandlungen zu erhalten.

Hier schlagen wir Ihnen eine Erzählung über eine Bäuerin vor, die eine Hexe werden wollte. „Führte mich der Teufel in Versuchung? Ich wollte eine Hexe werden. Ich habe gehört, dass man folgendes machen soll, um eine Hexe zu werden. Morgens, am 6. Juli soll man das Kreuz[23] von sich ausziehen und am Abend nicht zu Gott beten. Dann soll man um Mitternacht einen Brotlaib, ein Messer und ein Heiligenbild mitnehmen und an den Fluss gehen. Man legt den Brotlaib und das Heiligenbild ans Ufer, durchsticht den Brotlaib mit dem Messer, tritt aufs Heiligenbild und pfeift auf es und sofort danach kommen die Hexen und bösen Geister und bringen mir die Hexerei bei. Also, habe ich es genauso gemacht: am 6. Juli zog ich morgens mein Kreuz aus, abends betete ich nicht zu Gott, und um Mitternacht ging ich an den Fluss und nahm einen Brotlaib, ein Messer und ein Heiligenbild mit. Ich hatte keine Angst, als ich an den Fluss ging, aber ich fühlte mich so, als ob mich etwas nach vorn stoßen würde, und ich wagte nicht mich nach hinten umzusehen. Am Ufer, als ich fast alles gemacht hatte und schon aufs Heiligenbild treten wollte, hörte ich plötzlich den Hahnenschrei. Da rettete mich unser Gott: ich fühlte, dass meine sündhafte Seele zu Gott betete und Gott nahm mein Gebet. Dann wurde mir angst und bange und ich konnte mich nicht bewegen. Ich erinnerte mich nicht, wie ich anfing die Gebete zu lesen, wie ich mich bekreuzigte, aber ich ließ den Brotlaib und das Messer am Ufer liegen, nahm das Heiligenbild mit und lief schnell weg. Ich hörte, dass mir etwas nachfolgte und mir ins Gesicht schlug. Nach diesem Fall hatte ich sechs Wochen lang Fieber und ich weiß nicht, wie ich am Leben blieb. Als ich mich besser fühlte, empfing ich das Abendmahl. Ich habe immer wieder Angst, wenn ich mich an diesen Fall erinnere".

Man sagt, dass nicht nur die Frauen, sondern auch die Männer Hexen[24] werden können. Eine Frau erzählte uns folgende Geschichte über einen ih-

---

[23] Die Kette mit dem Kreuz.

[24] Wir können diese Männer nicht Zauberer nennen, denn die Zaubermeister (oder die Zauberer) unterscheiden sich sehr stark von den männlichen Hexen durch ihre Tätigkeiten und Begabungen. Also, nennen wir auch die männlichen Hexen nur „Hexer".

rer Verwandten, der in der Stadt wohnte und als ein Hexer galt. Er hatte keinen Beruf und war ohne Beschäftigung, aber (ohne ersichtlichen Grund) schwerreich. Seine Nachbarn beneideten ihn um seinen Reichtum und versuchten herauszubekommen, auf welche Weise er das Geld verdiente oder erhielt. Aber wie groß ihre Bemühungen auch waren, sie waren vergeblich. Sie wussten, dass er ein Zweizimmerhaus hatte und dass er selbst in nur einem Zimmer wohnte und im anderen, sein Arbeiter mit einer Arbeiterin. Sein eigenes Zimmer hielt der Mann immer verschlossen und ließ niemanden hinein. Obwohl er mit seinem Arbeiter zufrieden war und ihn respektierte, erzählte er ihm nichts über seine Beschäftigung. Also war seine Tätigkeit für jeden ein großes Geheimnis. Dieser Umstand machte den Arbeiter neugierig. Vor allen Dingen, richtete der Arbeiter seine Aufmerksamkeit auf folgendes: wenn jemand seinen Arbeitgeber zu sich einlud, versprach er immer nur am Abend, und nie früher als um 10 Uhr in der Nacht, zu Gast zu sein. Auf keinen Fall ging er am Tage zu Besuch. Der Arbeiter bemerkte auch, dass in diesem Fall, eine luxuriöse Kutsche am Hauseingang vorfuhr, - unbekannt woher. Vor der Kutsche waren zwei Rappen gespannt und auf dem Kutschbock saß ein herausgeputzter Kutscher. Sobald die Kutsche vorfuhr, ging sein Arbeitgeber aus dem Haus, stieg in die Kutsche ein und fuhr weg. Die Kutsche wartete keine ganze Minute auf ihn. Er blieb als Gast nie länger als eine Stunde und kehrte immer mit der gleichen Kutsche wieder heim. Sobald er aus der Kutsche ausstieg, verschwand wieder alles: die Rappen, der Kutscher und die Kutsche. Außerdem richtete der Arbeiter seine Aufmerksamkeit auf Geräusche, die er in der Nacht aus dem Zimmer seines Arbeitgebers hörte. Er wollte wissen, woher diese kamen, aber alle seine Versuche waren vergeblich, denn die Tür und die Fenster waren immer geschlossen. Und je länger er versuchte seinen Arbeitgeber zu beobachteten, desto sehnlicher wurde sein Wunsch dieses Geheimnis zu entdecken. Aber eine Gelegenheit half ihm. Eines Tages legte sich sein Arbeitgeber ein wenig hin und schlief ein, diesmal aber hatte er vergessen sein Zimmer zu verschließen, wie er das sonst üblicherweise machte. Der Arbeiter drang also heimlich ins Zimmer seines Arbeitgebers ein, legte sich auf den Ofen und deckte sich dort mit verschiedenen Bekleidungen zu. So lag er bis Mitternacht auf seiner Wache, aber hörte nichts besonderes. Punkt Mitternacht traten plötzlich viele Gäste ins Zimmer, ungefähr 30 Menschen. Es waren Greise und Greisinnen, Frauen und Männer mittleren Alters, Mädchen und Jungen und jeder von ihnen trug einen Eimer. Als alle schon im Zimmer waren, kam endlich der Arbeitgeber hinzu. Zuerst fragte er die Männer: „Meine Herren! Sind die Fensterläden und die Tür zum

Zimmer meines Arbeiters verschlossen?" Ein Mann antwortete: „Alles ist so gemacht, wie es sich gehört. Machen Sie sich keine Mühe!" Dann wendete er sich an die anderen Gäste: „Ihr habt in der Nacht gearbeitet und nun gebt mir, was mir zusteht". Die meisten Gäste kamen an den Tisch und legten Geld dort ab, andere, die auf ihren Plätzen geblieben sind, sagten, dass die letzte Nacht missglückt war. Als der Arbeitgeber das Geld eingesammelt hatte, teilte er seinen Gästen mit, dass sie in der Nacht eine Reise auf den Kahlberg machen sollten. Dann befahl er den Menschen, die kein Geld mitgebracht hatten, mit ihm zu gehen, damit sie ihre Zaubermeisterschaft verbessern konnten. Nach diesen Worten verließ er das Zimmer und zwei Jungen und drei Mädchen folgten ihm nach. Nach einer Stunde kam er mit seinen Lehrlingen zurück und sagte, dass es Zeit zu fliegen war. Während die Hexen und Hexer sich auf den Flug vorbereiteten, beobachtete der Arbeiter heimlich, was sie machen und als alle weggeflogen waren, machte er das gleiche und flog auch auf den Kahlberg. Danach erzählte er, dass er mit den Hexen auf einem weißen Pferd flog, und das er auf dem Kahlberg war und den Hexensabbat sah und morgens, als er auf sein Pferd schauen wollte, sah er nur noch einen weißen Stab".

Durch einige Erzählungen erfahren wir, dass die weiblichen Hexen manchmal nicht auf Pferden, sondern auf den männlichen Hexern zum Kahlberg nach Kiew fliegen. Die Hexen erhalten nicht nur ihre Kenntnisse über Zauberei von diesen Männern, sondern sie haben mit diesen auch ständig Geschlechtsverkehr.

Wer kühner als andere Menschen ist, der wendet sich direkt an die Teufel, um die Kenntnisse über Hexerei von ihm zu erhalten und um eine Hexe (oder ein Hexer) zu werden. Aber dieser „Unterricht" kosten viel mehr als bei den geborenen Hexen.

Die Hexen, die zu ihren Lebzeiten und nach dem Tod viel ertragen sollen, werden vom Teufel vorher geprüft, bevor er sie zu Hexen macht: „In einem Dorf wohnten zwei Freundinnen und eine von diesen war eine Hexe. Aber auch die andere Freundin wollte eine Hexe werden. Eines Tages kam sie zu ihrer Hexenfreundin und sagte: „Meine liebe Freundin, lehre mich die Hexerei". Diese antwortete: „Du kannst das nicht ertragen". „Ich kann" - sagte die Frau. „Na gut! Dann gehe jetzt nach Hause und gucke in deine Truhe", - sagte die Hexe. Die Frau ging sofort nach Hause und guckte in ihre Truhe. Da waren viele verschiedene Speisen und Getränke. Sie probierte jedes Getränk und jede Speise, die sie in ihrer Truhe sah und ging wieder zu ihrer Hexenfreundin. Die Hexe fragte sie: „Was hast du in der Truhe gesehen?" – „Viele Speisen und Getränke". Dann sagte die Hexe: „Nun gehe wieder nach Hause und gucke noch einmal in deine Truhe". Die Frau ging wieder nach Hause und als sie wieder in ihre Truhe guckte, sah sie nicht die Speisen und Getränke von zuvor, sondern ihre angebissenen Bekleidungen. Als sie zurück zu ihrer Freundin kam, sagte die Hexe: „Siehst du – ich habe dir gesagt, dass du die Hexerei nicht lernen kannst: du bedauerst es schon". Die Frau kam nach Hause und erzählte alles ihrem Mann. Ihr Mann ging zu der Hexe und brachte diese um. So lehrte eine Hexe die Hexerei ihrer Freundin".

Hier führen wir Ihnen noch einen Bericht an, den uns ein Dorfbewohner erzählte. „Ein Soldat ging auf einen kurzen Heimaturlaub. Sein Weg lag durch ein Dorf. Er war sehr müde und wollte irgendwo übernachten und so trat er in ein Haus ein und bat die Hauswirtin, ihn hineinzulassen. Die Frau antwortete: „Ich habe nichts dagegen, aber heute abend bekomme ich Gäste und du kannst nicht ruhig schlafen". Soldat antwortete: „Das ist mir aber egal. Ich bin so müde, dass, wenn Sie mir einen Platz zum Schlafen geben würden, ich ihnen sehr dankbar sein würde ". Die Frau ließ ihn hinein, gab ihm zu Essen und der Soldat ging schnell zu Bett. Aber er hatte einen leichten Schlaf und um Mitternacht hörte er ein Geräusch. Er sah, dass einige Frauen nacheinander ins Haus eintraten. So sammelten sich mehr als zehn Frauen. Sie saßen einige Zeit zusammen, besprachen etwas und dann sagte eine von diesen: „Das ist schon die Zeit", und alle standen auf. Die Hauswirtin nahm ein Messer und stach es in den Fußboden neben dem Ofen ein. Dann schlug sie einen Purzelbaum über dieses Messer und flog durch die Röhre hinaus und alle anderen machten das gleiche. Als die letzte Frau hinausgeflogen war, stand der Soldat auf und - ohne sich lange zu besinnen -, wiederholte er, was die Frauen gemacht hatten. Er flog über die Wälder und Sümpfe und er fühlte sich, als ob der Wind ihn brechen würde. Nach kurzer Zeit fand er sich in Kiew auf dem Kahlberg wieder und sah dort viele Hexen. Er kam kaum zur Besinnung, als die Frau, bei der er übernachtete, zu ihm kam und sie führte ein weißes Pferd mit sich und sagte: „Konntest du dich nicht zurückhalten?! Aber wenn du noch weiterleben willst, setze dich auf dieses Pferd und reite schnell weg. Wenn eine von den Hexen dich bemerken würde, wärst du tot". Er schwang sich sofort aufs Pferd und die Hexe sagte: „Fliege, aber sieh dich nicht nach hinten um". Er flog weg, aber er hörte nicht auf den Rat der Hexe und sah sich um. Sofort fand er sich auf dem Erdboden im dunklen Wald wieder und neben ihm lag ein weißer Stab. Er irrte einige Tage im Wald umher, und konnte den Weg nach Hause nicht finden. Als er endlich heimkehrte, war er halbtot".

Aus diesen verschiedenen Erzählungen ersehen Sie, dass die Hexen die Begabung für Verwandlungen beherrschen. Und Sie wissen schon, dass die Hexen auf den Kahlberg in verschiedenen Gestalten fliegen. Nun achten wir auf die Erzählungen über die Nachthandlungen der Hexen. Hier können Sie erkennen, was für eine Gestalt die Hexen haben, wenn sie die Kühe melken oder wenn sie an ihren Feinden Rache nehmen. In vielen Geschichten melken die Hexen die Kühe in ihren üblichen Gestalten, aber sie haben dann nur ein langes Hemd an und sie sind ohne Kopfbedeckungen. Aber manchmal zeigen sie sich auch in Gestalt eines Hundes mit einem Menschengesicht. „Zu einem Bauer kam ständig eine Hexe und melkte seine Kühe. Er duldete dies lange Zeit und endlich entschied er diese Hexe zu fangen. In der Nacht trat er in seinen Kuhstall ein, versteckte sich, damit die Hexe ihn nicht bemerken konnte, und wartete. Um Mitternacht sah er die Hexe: sie hatte ein langes weißes Hemd an, ihre Haare waren losgeflochten und in der einen Hand hielt sie einen Sack. Sie kam an die Kühe heran und melkte diese nacheinander. Der Bauer sah und hörte alles, aber er konnte sich nicht bewegen und auch nicht schreien, so als ob er zu Stein geworden wäre. Als die Hexe die Kühe fertig gemolken hatte, kam sie an den Bauern heran und fragte: „Sitzest du?" der Bauer antwortete unbewusst, als ob er schliefe: „Ja, ich sitze". „Nimm diese Pastete und bleib sitzen", sagte die Hexe, gab ihm etwas und ging weg. Unterdessen wartete die Frau des Bauern zu Hause auf ihren Mann. Sie wartete auf ihn bis zum Morgenrot und ging dann in den Kuhstall: da sah sie, dass ihr Mann mit verschränken Armen auf dem Fußboden saß. Unter seinen Händen lugte ein Stück Kuhmist hervor. Der Bauer sah ganz verstört aus, denn er konnte sich nicht bewegen und sagte kein Wort. Die Frau dachte, dass er gelähmt sei und fing an zu schreien. Sofort sammelten sich die Nachbarn und als sie auf den armen Mann schauten, machten sie sich lustig über ihn, denn er sah komisch aus. Als der Bauer wieder zu sich kam, stand er auf und ging schnell nach Hause. Er erinnerte sich an diese Nacht immer mit Angst".

Einige Dorfbewohner sagen, dass man einen Hahn oder einen Hund, der im März geboren wurde, auf dem Hof haben soll, weil dann keine Hexe kommt um die Kühe zu melken. Andere sagen, dass man einen besonderen Hund haben soll, um sich und die Kühe vor einer Hexe zu schützen. Einen solchen Hund nennt man „Jartschuk". Es ist sehr kompliziert, diesen Hund zu bekommen. Man soll folgendes tun: wenn eine Hündin Junge wirft und ihre erstgeborene Welpe eine Hündin ist, soll man sich diese Welpe solange bewahren, bis sie selbst Junge werfen kann. Wenn die erste Welpe dieser Hündin auch eine Hündin ist, soll man auch diese bewahren, bis sie Junge wirft. Dann ist die erste Welpe von dieser dritten Generation ein Jartschuk, dabei ist es ganz gleich, ob es diesmal ein Rüde oder eine Hündin ist. Wenn ein Jartschuk aufgewachsen ist, kann er die Hexen beißen: die andere Hunde dürfen und können die Hexen nicht beißen und einige Hunde bellen Hexen niemals an. Jertschuks können die Hexen aber nicht nur anbellen, sondern sie können sie auch totbeißen. Deshalb versuchen Hexen diese Hunde umzubringen, wenn sie noch Welpen sind. Man soll also einen Jartschuk vor der Hexen sorgfältig schützen, damit diese ihn nicht töten. Im Haus aber ist ein Jartschuk nicht gut geschützt, denn die Hexen können ins Haus eindringen. Also, soll man eine Grube ausheben, diese Welpe dahinein setzen und die Grube mit einer Egge[25] abdecken. Dann wird keine Hexe es wagen der Welpe Schaden zu bringen, denn die Hexen haben vor der Egge Angst. Manchmal benutzen die Dorfbewohner eine Egge, wenn sie eine Hexe, die ihre Kühe melkt, fangen möchten. Sie setzen sich hinter die Egge und nehmen einen Stab mit, dann kann keine Hexe die Kühe verhexen.

Hier schlagen wir Ihnen einige Erzählungen über den Jartschuk vor: „Ich war einmal bei meinem Bruder zu Besuch. Als wir unser Abendbrot hatten, sagte mir mein Bruder: „Ich habe großes Unglück, mein Bruder: du weißt, dass ich eine Jartschuk-Hündin habe. Also, soll diese Hündin bald Junge werfen. Man sagt, dass in der Nacht eine Hexe kommt und alle Welpen umbringt. Was ich machen soll, weiß ich nicht. Wie kann ich die Welpen schützen?" Ich sagte ihm: „Wenn deine Jartschuk-Hündin Junge wirft, sollst du mir sofort Bescheid sagen: ich kann die Hexe bezwingen". Sobald ich das gesagt habe, trat die Frau meines Bruders ins Haus ein und sagte: „Unsere Jartschuk-Hündin wirft Junge". Ich sagte: „Nun zeige ich euch, was man mit der Hexe machen kann". Wir blieben bis Mitternacht im Haus und dann nahm ich einen Stab und ging an die Scheune, wo sich die Hündin mit den Welpen befand. Ich setzte mich so neben die Scheune, dass ich die Hexe sehen konnte, wenn sie aus der Scheune herauskommen würde. Plötzlich hörte ich, dass die Welpen piepsten und nach einigen Minuten sah ich, dass ein großer weißer Hund aus der Scheune herauskam. Ich nahm meinen Stab und schlug den Hund mit aller Wucht ins Maul. Der Hund fiel und bewegte sich nicht. Mein Bruder und ich dachten, dass der Hund schon tot war. Wir schleppten ihn weg in den Garten, um ihn morgens zu vergraben. Am Morgen gingen wir in den Garten, aber fanden keinen Hund und es war, als ob er unsichtbar geworden wäre. Dann erfuhren wir, dass eine

[25] Die Egge ist ein Ackergerät mit Zinken. Ebnet und krümelt den Boden, reißt Unkraut aus, verscharrt Samen und Dünger. Die Scheiben-Egge verwendet statt Zinken Stahlscheiben, die rotierende Egge verwendet Zinken auf einer rotierenden Walze.

Frau an diesem Morgen im Dorf gestorben war. Der Mann dieser Frau sagte uns, dass seine Frau vorher nicht krank gewesen war und dass mit ihr als er sie am Abend sah noch alles in Ordnung war, aber morgens fand er sie tot". Der Bauer, der uns diese Geschichte erzählte, war überzeugt, dass er wirklich eine Hexe umgebracht hatte.

„Meine Mutter erzählte mir, dass als sie selbst noch jung war, auf ihren Hof eine Hexe kam. Die Mutter sagte, dass in dieser Zeit eine Hündin, die sie und ihre Eltern hatten, das erste mal Junge warf. Jede Hexe hat Angst vor der erstgeborenen Welpe, die man Jartschuk nennt, denn sie kann die Hexen totbeißen. Als also, eine Hexe die in unserem Dorf wohnte, erkannte, dass diese Hündin Junge warf, verwandelte sie sich in eine Ziege und lief auf unseren Hof herbei. Sie fand die Scheune, wo die Hündin mit den Welpen lag, griff eine Welpe und fing an sie zu erwürgen. Die Hündin warf sich auf die Ziege, um ihre Welpe zu retten, aber die Ziege schlug sie mit ihren Hufen. Meine Großeltern hörten das Gewinsel der Hündin und kamen in die Scheune und die Hexen-Ziege fürchtete sich. Sie verwandelte sich daraufhin in ein Wollknäuel und rollte aus unserem Hof hinaus. Als der kleine Jartschuk aufwuchs, kam die Hexe wieder auf unseren Hof, aber diesmal in Gestalt eines großen Hundes. Jartschuk warf sich auf den Hexen-Hund und sie fingen an, einander zu beißen bis Jartschuk die Hexe totbiss. Morgens erfuhren meine Großeltern, dass eine Frau, die als eine Hexe galt, gestorben war".

Hier möchten wir Sie darauf aufmerksam machen, dass nur die gelehrten Hexen den Kühen schaden, wenn sie diese melken (die Kühe geben danach keine Milch, oder Blut ist in der Milch, die Kühe werden krank und können auch sterben). Die geborenen Hexen bringen den Menschen sehr selten Böses ein. Die geborenen Hexen können Milch nicht nur von den Kühen, sondern auch von den Schafen, Katzen und Pferden bekommen und dafür brauchen sie nicht einmal ihre Häuser zu verlassen. Wenn eine geborene Hexe Milch braucht, nimmt sie ein Gefäß und geht in ihre Scheune. In der Scheune gibt es einen kleinen Balken mit einem Loch, aber normalerweise ist dieses Loch mit einem Pflock verstopft. Die Hexe zieht den Pflock heraus und schon ließt Milch aus dem Loch. Auf diese Art und Weise erhält sie soviel Milch, wie viel sie will. Wenn sie genug Milch hat, verstopft sie das Loch wieder. Einige der geborenen Hexen haben einen solchen Balken im Haus. Wenn eine geborene Hexe auf diese Weise Milch bekommt, geben die Kühe der Nachbarn allerdings weniger Milch als üblicherweise, aber die Kühe werden nicht krank und sterben auch nicht. Manchmal wendet man sich an die geborenen Hexen, um Hilfe zu bekommen, als ob diese Hexen Kurpfuscher oder Ärzte wären. Die geborenen Hexen helfen gern, wenn ein Mensch krank ist oder wenn jemanden ein Unglück ereilte.

Wenn eine gelehrte Hexe eine Kuh melken geht, verwandelt sie sich in einen Hund. Sie kommt zu einer Kuh und nimmt dann ihre übliche Gestalt an und wenn sie genug Milch gemolken hat, verwandelt sie sich wieder in einen Hund, nimmt den Melkeimer mit den Zähnen auf und geht nach Hause. Manchmal, wenn eine Hexe eine Kuh melkt, zeigt sie sich zwar in der Gestalt eines Hundes, aber mit ihrem üblichen Gesicht. Dann kann man die Hexe leicht erkennen. Eine Bauerin erzählte: „Ich hatte sechs Kühe und jeden Morgen melkte ich diese vor Sonnenaufgang. Einmal im Sommer stand ich schon sehr früh auf und entschied, einige Zeit draußen zu liegen, bis die Sonne aufging. Ich lag da und hörte plötzlich, dass jemand meine Kuh melkte. Ich kam leise in den Kuhstall hinein und sah einen weißen Hund, meine Kuh melken. Als ich ihn genau betrachtete, sah ich, dass es meine Nachbarin war. Vor Schreck schrie ich: „Was machst du da?" Der Hund nahm sofort den Melkeimer mit den Zähnen und lief schnell nach Hause. Ich konnte erkennen, dass es meine Nachbarin war, denn der Hund hatte ihr Gesicht ".

„Eine Frau bemerkte, dass jemand nachts in ihren Kuhstall hineinkam und ihre Kühe melkte. Sie erkannte, dass es eine Hexe war und sie fragt die Nachbarn, wie man eine Hexe fangen konnte. Ein Nachbar sagte ihr: „Nimm einen Espenpflock, setze dich in deinen Kuhstall und hoble diesen Pflock ab. Wenn du siehst, dass die Hexe an eine Kuh kommst, kannst du sie ohne Angst fangen". Am nächsten Abend nahm diese Frau einen Espenpflock und ging in ihren Kuhstall. Als es dunkel wurde, fing sie an, den Pflock abzuhobeln. Um Mitternacht hörte sie, dass sie jemand rief und fragte: „Sitzest du und hobelst?" Die Frau antwortete unbewusst: „Sitze und hoble". Die Nacht verging, die Sonne ging auf und sie saß immer noch dort und konnte sich weder bewegen noch aufstehen. Plötzlich hörte sie die gleiche Stimme: „Sitzest du immer noch? Stehe auf!" Sie kam wieder zu sich, kam an ihre Kühe heran und sah, dass die Kühe abgemelkt waren. Aber sie sah nicht, wer ihre Kühe in der Nacht gemelkt hatte, denn die Hexe hatte sie verhext".

„Eine Frau ging am Abend in ihren Kuhstall, um ihre Kühe zu melken. Als sie in den Stall eintrat, sah sie, dass ein großer Hund unter einer Kuh saß und diese melkte. Ehe sie etwas sagen konnte, blickte der Hund auf sie. Die Haare standen ihr zu Berge und sie fühlte sich so, als ob sie zu Stein würde. Der Hexen-Hund melkte soviel Milch, wie sie wollte und dann nahm es den Melkeimer und lief weg. Die Frau blieb die ganze Nacht im Kuhstall und konnte nicht sich von der Stelle rühren".

Eine Hexe verwandelt sich nicht nur in einen Hund, wenn sie die Kühe melken will, sondern auch, wenn sie jemanden erschreckt oder wenn sie an jemandem Rache nimmt. Aber Sie können in weiteren Erzählungen sehen, dass die Hexen sehr oft dafür büßen. Man sollte auch noch folgendes wissen: Wenn eine Hexe einem Kurpfuscher oder einem Mensch begegnet, der bestimmte Zaubersprüche kennt, nimmt sie sofort wieder ihre übliche Gestalt an und es spielt keine Rolle, was für eine Gestalt sie in diesem Moment hat. Sie verwandelt sich sofort und wartet nicht, bis dieser Mensch die Zaubersprüche sagt, denn sie quält sich sehr, wenn dieser die Zauberwörter ausspricht. In dieser Zeit kann sie diesem Mensch keinen Schaden bringen.

„Als ich ein kleines Mädchen war, ging ich mit meinem älteren Bruder in den Nachbarsgarten, um den Nachbarn die Äpfel zu stehlen. Wir pflückten viel rote große Äpfel, kletterten über dem Zaun und liefen schnell wieder nach Hause. Auf der Strasse sah ich einen kleinen gelben Hund der schnell heran lief und mich zu beißen anfing. Dann sagte er plötzlich: „Warum hast du die Äpfel aus meinem Garten gepflückt?" Ich bekam einen Schreck, aber ich konnte mein Haus mit Mühe erreichen. Nach dieser Nacht wurde ich krank und war halbtot. Später erkannte ich, dass dieser Hund eine Hexe war – die Besitzerin des Gartens, wo ich die Äpfel gestohlen hatte".

„Die Mutter eines Mannes war eine Hexe, aber er wusste das nicht. Einmal in der Nacht verwandelte sie sich in einen Hund und ging. ihre üblichen Nachttaten zu erledigen. Als sie nach einiger Zeit nach Hause zurückkam, kam ihr Sohn aus dem Haus raus und sah einen fremden Hund auf dem Hof. Er versuchte den Hund zu verjagen, aber der Hund blieb stehen, als ob er nichts hören würde. Da nahm der Mann eine Axt und hackte dem Hund damit seine Beine ab. Morgens sah er, dass seine Mutter eine Hand verloren hatte".

„Ein Mann hatte eine Stute mit einem Fohlen. Er pflegte diese gut, aber er bemerkte, dass die Stute trotzdem sehr abmagerte und das Fohlen nur noch Haut und Knochen war. „Was für ein Grund?" – dachte der Mann – „Ich gebe genug Essen und Trinken, ich reinige den Pferdestall – ich mache alles, wie es sich gehört, aber meine Pferde magern ab. Vielleicht kommt eine Hexe, meine Stute zu melken. In dieser Nacht will ich heimlich im Stall beobachten". In der Nacht versteckte er sich also im Pferdestall. Um

Mitternacht kam eine Frau und fing an, die Stute zu melken. Der Mann kam leise an sie unbemerkt heran, fasste sie an den Haaren und sagte: „Das bist du, die meine Stute melkst". Die Frau verwandelte sich in eine Hündin, aber der Mann ließ sie nicht los. Er schleppte die Hexenhündin aus dem Pferdestall heraus und schlug ihr ihre Pfoten ab. Nächsten Tag hörte er, dass einer Frau, die als Hexe galt, die Finger abgeschlagen waren".

Nach den Worten einer Dorfbewohnerin, kann die Hexenhündin niemanden beißen, sie kann nur erschrecken. Wenn eine Hexe jemandem viele Schläge versetzen will, nimmt sie die Gestalt einer Katze, die Gestalt von einem Schwein oder einem Wollknäuel an. Wenn ein Mensch sich den Zorn einer Hexe zuzieht, hat er viel Unglück und dann soll er sich an einen Kurpfuscher wenden, damit der Kurpfuscher ihn vor der Hexe schützt, aber man kann sich auch an eine geborene Hexe wenden und sie um Hilfe bitten. „In der Nacht ging ein Mann nach Hause, er hatte einen Espenstab bei sich. Plötzlich sah er ein Wollknäuel, das vorbeirollte. Der Mann schlug dieses Knäuel mit seinem Espenstab und als er dies tat sah er, dass Blut aus dem Knäuel hervorspritzte und das Knäuel verschwand".

„Mit mir ist einmal Folgendes passiert. Am späten Abend gingen wir, mein Freund und ich, einer Einladung nach. Ich sollte zuvor sagen, dass mein Freund sich einen Tag vorher mit einer Frau verzankte und diese Frau galt in unserem Dorf als Hexe. Also, gingen wir und unterhielten uns. Plötzlich stand eine große weiße Hündin vor uns. Sie hatte uns nichts Böses getan, aber sie blickte in einer solchen Weise auf meinen Freund, dass ich seine Angst fühlte und meine Haare standen zu Berge. Sie lief weg und nach einigen Minuten machte sich der Wirbelwind auf und in dem Wirbelwind befand sich ein Wollknäuel. Dann passierte etwas ungewöhnliches, denn das Knäuel flog plötzlich an meinen Freund heran und fing an, ihn Schläge zu versetzen. Das dauerte sehr lange und ich konnte ihm nicht helfen. Es schlug ihn fast zu Tode, aber mein Freund blieb am Leben. Am nächsten Tag ging ich Wasser holen und mir entgegen kam die Frau, mit der mein Freund sich verzankte. Sie kam zu mir und sagte lachend: „Was ist mit Ihnen gestern passiert?" Ich antwortete: „Nichts besonderes". Sie sagte: „Sie lügen. Ihr Freund sollte Ihnen dankbar sein. Sie sind ein guter Mensch. Wenn Sie mit ihm gestern nicht zusammen gewesen wären, hätte ich ihn umgebracht".

Manchmal, wenn eine Hexe sich in ein Wollknäuel verwandelt, kann sie in Unannehmlichkeiten geraten. Das sehen Sie in folgenden Darstellungen: „Es war einmal im Sommer. Die Kühe in unserem Dorf hörten auf, Milch zu geben und ein Greis sagte: „Das ist ein schlimmes Zeichen. Ich glaube, dass eine Hexe unsere Kühe melkt. Wir sollten sie fangen". Also, versteckte sich ein Mann in seinem Kuhstall und wartete. In der Nacht sah er, dass eine Hündin kam und seine Kühe zu melken anfing. Der Mann fasste sie an ihrem Schwanz und hielt sie fest. Plötzlich sah er, dass er keine Hündin am Schwanz, sondern ein Wollknäuel am Faden hielt. Ohne sich lange zu besinnen, nahm er dieses Knäuel, band es an dem Zaun und ging ins Bett. Morgens, als er aufstand, rief er seinen Nachbar und beide gingen, aufs Knäuel zu schauen. Sie kamen an den Zaun heran und sahen, dass eine nackte Frau daneben stand und mit ihren Haaren an dem Zaun gebunden war. Die Männer hatten diese Frau erkannt: es war eine Witwe, die in unserem Dorf wohnte. Sie verprügelten die Witwe und ließen sie weggehen. Von dieser Zeit an sind die Kühe in unserem Dorf gesund und geben viel Milch".

„Einmal wendeten sich die Dorfbewohner an einen Kurpfuscher und baten ihn, ihnen zu helfen und vor einer Hexe zu schützen, denn diese molk ihre Kühe. Sie versprachen ihm dafür einen Leinenstoff zu schenken. Am Abend kam der Kurpfuscher zu den Menschen, die sich an ihn gewendet hatten, fand ein Loch im Flechtzaun und setzte sich genau neben dieses Loch. Als es dunkel wurde, sah er, dass etwas durch dieses Loch hineinkroch und er fasste dieses und es (er wusste nicht, was es war) verwandelte sich in ein Wollknäuel. Der Kurpfuscher nahm dieses Knäuel und nahm es nach Hause mit. Zu Hause nagelte er das Knäuel an der Wand an. Morgens schaute er auf die Wand und sah, dass eine Frau da hing und ihre Lippe an der Wand angenagelt war. Sie bat den Kurpfuscher, sie gehen zu lassen und sie versprach, die Kühe nicht mehr zu melken und sie bot ihm für ihre Freiheit drei Leinenstoffe. Der Kurpfuscher ließ sie gehen und bekam dafür drei Leinenstoffe und auch die Dorfbewohner gaben ihm den Leinenstoff, denn er hatte ihre Kühe gerettet".

Die Dorfbewohner sagen, dass keine Katze, kein Hund und kein Schwein sich auf einen Mensch wirft, wenn diese auf der Weide oder in der Nacht auf dem Feld sind. In der Nachtzeit können nur die Hexen in Gestalt dieser Tiere über einen Mensch herfallen. Das können sie in folgenden Schilderungen sehen. „Am Winterabend ging ein junger Mann zu einem Fest und sein Weg führte über das Feld. Ihm lief ein weißes Schwein entgegen, aber er richtete seine Aufmerksamkeit nicht darauf. Als er sich dem Schwein näherte, warf sich das Schwein auf ihn und fing an, ihn zu beißen. Er wollte das Schwein schlagen, aber es gelang ihm vor Angst nicht. Mit großer Mühe konnte er sein Haus erreichen, aber das Schwein folgte ihm und biss ihn immer noch. Als er schon bei seinem Haus war, fing er an zu schreien und um Hilfe zu bitten. Seine Eltern hörten seine Schreie und liefen aus dem Haus heraus und verjagten das Schwein. Nach diesem Geschehen wurde er krank und in Kürze war er verstorben. Danach erinnerten sich seine Eltern daran, dass er sich einmal mit einer Frau verfeindet hatte. Diese Frau war eine Hexe und nach dem Streit sagte sie ihm: „Warte mal. Das musst du mir büßen." Die Dorfbewohner sagten, dass die Hexe sich an diesem Mann auf diese Weise für den Streit gerächt hatte. Verfeinden Sie sich mit den Hexen besser nicht. Besonders gefährlich sind Streitereien mit jungen Hexen, denn diese sind böser als die alten Hexen ".

„In unserem Dorf wohnte ein Mann und einmal verfeindete er sich mit einer Frau, die eine Hexe war. In der Nacht ging er nach Hause, es war stockdunkel und man konnte kaum etwas sehen. Wie aus dem Boden gewachsen, kam zu ihm ein großer weißer Hund, der über den Mann herfiel. Der Hund biss ihn an mehreren Stellen und biss sogar seine Adern durch. Selbst als der Mann zu Boden fiel biss der Hund ihn immer noch. Erst als die Sonne aufging und der Mann den ersten Hahnenschrei hörte, lief der Hund von ihm weg. Der Mann konnte sein Haus noch erreichen, aber er wurde krank und nach einiger Zeit war er gestorben. Unsere Dorfbewohner sagen, dass es kein Hund war. Es war die Hexe in Gestalt eines Hundes, die an diesem Mann ihre Rache nahm".

Wenn eine Hexe sich in Gestalt eines Wollknäuels oder eines Rades den Menschen zeigt, kann sie ihre Ziele oft nicht erreichen. Statt einen Menschen zu strafen, gerät sie oft selbst in eine schwierige Lage. „Ein Mann ging am späten Abend über das Feld und hörte, dass etwas hinter ihm Lärm machte. Der Lärm kam immer näher und als der Mann sich nach hinten umwendete, sah er ein rollendes Rad. Der Mann war nicht ängstlich und so fasste er das Rad mit der linken Hand. Dann zog er seinen Gürtel aus den Hosen heraus, band den Gürtel ans Rad und schleppte das Rad in einen Pferdestall. Hier hängte er es auf einen Balken. Morgens sah er, dass dort statt eines Rades eine Frau hing".

Wenn eine Hexe sich in Gestalt eines Heuhaufens zeigt, hat sie manchmal Pech, denn sie kann einem Mensch begegnen, der weiß, wie man die Hexen besiegen kann. „Ein Mann zankte sich mit seiner Nachbarin. „Das musst du mir büßen" - sagte die Nachbarin zu ihm nach dem Zank. Ein paar Tage später ging dieser Mann am späten Abend auf der Strasse nach hause. Dabei bemerkte er, dass ein Heuhaufen sich schnell ihm entgegen bewegte. Der Heuhaufen brachte den Mann zu Fall und fing an ihn zu erwürgen. Der

Mann schrie laut und seine Nachbarn liefen zu ihm, um ihm zu helfen, aber der Heuhaufen verschwand plötzlich, als ob er nie da gewesen wäre".

Wie wir schon erwähnten, können die Hexen die Aufmerksamkeit der Menschen ablenken. Sie können sich darüber mit folgenden Berichten vergewissern. „In unserem Dorf wohnte eine Hexe und sie hatte eine erwachsene Tochter, die hässlich war. Ein Junge neckte sie deshalb oft. Sie erduldete es lange aber eines Tages beklagte sie sich bei ihrer Mutter über diesen Jungen. Ihre Mutter sagte: „Na warte, ihm werde ich es schon geben. Niemand darf meine Tochter beleidigen". Einmal am Abend hütete dieser Junge mit seinem Freund die Kühe auf der Wiese und er erinnerte sich, dass er etwas von zu Hause mitbringen sollte. Also, ging er nach Hause um es zu holen. Er wusste, dass die Wiese trocken war, aber als er auf dem halben Weg war, sah er vor sich einen Sumpf. Mit jedem Schritt versank er immer tiefer im Morast. Er versuchte auf die andere Seite zu gehen, aber da war auch Wasser und Moorboden, - er wollte zurückgehen, aber der Sumpf war ringsherum. So zappelte er einige Zeit und konnte nicht herausgelangen. Da fing er an zu schreien und seinen Freund zu rufen. Er rief, bis sein Freund ihn hörte. Als der Freund kam, fragte er: „Was ist passiert? Warum schreist du so?" Der Junge sagte: „Siehst du nicht? Ich kann nicht aus dem Sumpf heraus!" Der Freund war überrascht und fragte wieder: „Wo siehst du Sumpf? Du stehst auf trockenem Boden". Der Junge sah sich nach allen Seiten um und der Boden war wirklich trocken. Hier war kein Sumpf. Auf solche Weise bestrafte die Hexe diesen Junge für seinen Hohn".

Auf Grund der oben erwähnten Erzählungen, können wir zu dem Schluss kommen, dass die Talente und Begabungen der Hexen für Verwandlungen, nach dem Volksglauben, uneingeschränkt sind: die Hexen nehmen nicht nur die Gestalt von verschiedenen Tieren an, sondern auch von verschiedenen Dingen.

Zur Bekräftigung schlagen wir Ihnen noch einige weitere Erzählungen vor. „Ein Mann ging in der Nacht nach Hause. Es war sehr dunkel und er stolperte über etwas und fiel zu Boden. Als er den Grund seines stolpern genau betrachtete, sah er, dass ein neuer Pelzmantel auf dem Boden lag. Er freute sich über diesen Fund, nahm den Pelzmantel an sich und brachte ihn nach Hause mit. Zu Hause hängte er den Mantel auf den Kleiderbügel. Morgens sah er, dass statt eines Pelzmantels eine Hexe auf dem Kleiderbügel hing".

„In unserem Dorf wohnte eine Hexe, aber ihr Ehemann wusste nicht, dass seine Frau eine Hexe war. Einmal in der Nacht wachte er auf und sah, dass seine Frau nicht im Bett war. Er dachte, dass sie irgendwo im Haus sei und machte das Licht an. Er rief sie, aber niemand antwortete. Plötzlich sah er, dass die Tür sich wie von selbst öffnete, aber er sah keinen Menschen, sondern nur eine Fliege ins Haus hineinfliegen. Der Mann wendete kein Auge von der Fliege ab und so flog die Fliege noch einige Zeitlang herum und dann verwandelte sie sich in seine Frau. Als er das sah, erschrak er bis in den Tod. Nach nur ein paar Tagen starb er vor Angst".

Man sagt, dass die Kurpfuscher, die verschiedenen Zaubersprüche kennen, über die auch die Hexen Macht haben. „Die Frachtfuhrmänner brachten die Fische mit den Fuhren und eine Hexe wollte ihnen einige Fische stehlen. Die Hexe war noch jung und unbewandert und deshalb entging ihr, dass ein Kurpfuscher zwischen den Frachtfuhrmännern war. Also, verwandelte sich die Hexe in eine Hündin und kam an eine Fuhre, um die Fische zu stehlen. Der Kurpfuscher bemerkte das, nahm einen Stab und schlug mit aller Wucht zu. Die Hexe wollte schnell eine andere Gestalt annehmen, aber sie konnte es nicht, denn der Kurpfuscher verhexte sie durch einige Zaubersprüche. Sie wurde kraftlos und sie büßte ihr Talent für Verwandlungen ein. Die Frachtfuhrmänner sahen das, sammelten sich und verprügelten die Hexenhündin so schwer, dass die Hexe kaum noch atmen konnte. Der Kurpfuscher verwandelte die Hexe in ihre übliche Gestalt und die Frachtfuhrmänner brachten sie in ihr Haus und ließen die halbtote Hexe allein im Haus liegen. Sie quälte sich und schrie sehr laut, denn die Hexen quälen sich immer ab, wenn sie im Sterben liegen. Eine Freundin der Hexe bat den Kurpfuscher, ein Loch über der Tür durchzubohren. Sobald der Kurpfuscher das machte, starb die Hexe und ein übler Geruch verbreitete sich im Haus".

Die Hexen können auch die Dürre oder den Regen herbeirufen. Bei der Dürre kann man oft hören: „Es ist Zeit, eine Hexe zu baden". Wenn es lange Zeit nicht regnet, veranstaltet man einen Gottesdienst neben einem Brunnen und bittet Gott um Regen. Alle Frauen, die an dieser Prozession teilnehmen, werden dann immer mit dem Brunnenwasser übergossen. Aber man übergießt nicht nur die Frauen, sondern auch die Geistlichen, die diesen Gottesdienst leiten. Vor dem Gottesdienst fangen die Dorfbewohner eine Hexe, die in diesem Dorf wohnt, und baden sie gewaltsam im Fluss oder im Brunnen, denn man denkt, dass es hilft, den Regen herauszurufen. Es gibt auch einige Geschichten über die Hexen, die die Wolken vertreiben, den Regen „aufhalten" und die Dürre „bringen" können, aber diese Geschichten sind nicht sehr zahlreich. Man sagt, dass wenn eine Hexe eine Regenwolke sieht und sie der Wolke den Rücken zukehrt, sich auf alle viere stellt, ihr Kleid schürzt und den Wind und den Donner imitiert, dass dann die Regenwolke weggeht. Man sagt auch, das eine Hexe eine Regenwolke in einen Frosch verwandelt. Sie setzt den Frosch dann in einen Krug und solange der Frosch im Krug sitzt, solange bleibt der Himmel dann klar und wolkenlos.

Darüber gibt es eine Erzählung: „Einmal, bei einer langandauernden Dürre, als die Dorfbewohner alle mögliche Mittel, um den Regen hervorzurufen, versuchten, und als alle diese Mittel nicht halfen, entschieden die Dorfbewohner sich, zu einer Hexe zu gehen und dort eine Haussuchung vorzunehmen: sie wollten wissen, ob die Hexe die Regenwolken „stahl". In ihrem Haus fanden die Dorfbewohner einen großen grünen Frosch, der in einem Krug saß. Sobald sie den Krug aus dem Haus herausbrachten und den Frosch frei ließen, erschien sofort eine große Wolke am wolkenlosen Himmel, wurde das Donnern gehört und hatte es in Kürze geregnet. Die Menschen waren überzeugt, dass dieser Frosch die verwandelte Regenwolke war". Man sagt, dass die Hexen noch eine Art kennen, wie man die Dürre „heranschicken" kann. In der Nacht besucht eine Hexe jeden Hof in dem Dorf, wo sie wohnt, fängt die Hähne und bindet zwei Federn unter dem rechten Flügel jedes Hahnes zusammen: so bindet sie den Regen in den Wolken zusammen. Deshalb soll man bei der Dürre jeden Hahn besichtigen und wenn man die zugebundenen Federn findet, soll man diese aufbinden oder einfach herausreißen.

Wie wissen nicht genau, ob die Hexen direkt mit den Teufeln in Verbindung stehen und ob diese mit den Teufeln Geschlechtsverkehr haben, aber die meisten Erzähler verneinen den Geschlechtsverkehr zwischen den Hexen und den Teufeln, aber sie behaupten, dass die Hexen mit den bösen Geistern und den Teufeln in enger Verbindung stehen. Einige Erzähler sagen, dass wenn die Hexen sich von Gott lossagen und ihre Seelen dem Teufel geben (oder verkaufen), leben sie ohne Seelen weiter. Sie lassen die bösen Geister in ihre Körper hinein, und dann geben die bösen Geister ihnen die Begabung für Verwandlungen.

Nach allgemeiner Meinung, quälen sich die Hexen lange und schwer, wenn sie auf dem Sterbelager liegen. Wenn ein Mensch wissen will, weshalb eine Hexe sich so schwer quält, soll er ein Kummet[26] nehmen, sich vor die Türschwelle stellen und die sterbende Hexe durch dieses Kummet betrachten: dann kann er sehen, dass die bösen Geister bei der Hexe stehen

---

[26] Kummet, auch: *Kumt*, ist ein Geschirrteil, der Pferden oder Rindern um den Hals gelegt wird.

und sie peinigen. Um eine Hexe vor der Todesagonie zu retten, soll man die Decke über der Hexe durchbrechen oder ihr ein Messer unter das Kissen legen, denn dann kann die Hexe schnell sterben.

Eine Hexe quält sich schwer vor dem Tod: sie windet sich in Schmerzen und stöhnt vor Schmerz so laut auf, dass niemand im Haus bleiben kann, wenn er die Qual der Hexe sieht. Die Hexe stirbt solange nicht, bis man ein Loch in die Decke oder in die Wand über der Tür durchbohrt. Sofort nach ihrem Tod verbreitet sich übler Geruch von der Leiche und die Leiche zersetzt sich am gleichen Tag. „Wenn eine Hexe im Sterben liegt, dann heult sie wie ein Hund oder miaut wie eine Katze. So kann sie eine Woche lang auf dem Tod warten, bis ein Mann ein Loch in die Decke bohrt. Sobald das Loch durchgebohrt ist, stirbt die Hexe".

Man begräbt die Hexen nach dem üblichen christlichen Brauch. Manchmal beerdigt man die Hexen am späten Abend. Dass passiert, wenn die Verwandten der Hexe Angst vor den Nachtbesuchen der gestorbenen Hexe haben. Die Verwandten bitten einen Geistlichen, einige Beschwörungen über dem Grab zu lesen, damit die Hexe nicht aus ihrem Grab herauskommt. Deswegen wünschen die Verwandten, dass möglichst wenig Menschen bei der Beerdigung anwesend sind. Man erzählt über folgenden Fall: „Nach der Beerdigung einer Hexe lud einer von ihren Verwandten die Nachbarn zum Leichenschmaus ein. Das Haus, wo die Hexe zu ihren Lebzeiten wohnte, war groß und im Haus herrschte Halbdunkel: nur ein Öllämpchen brannte vor den Heiligenbildern. Als der Leichenschmaus zu Ende war und die Eingeladenen anfingen, vom Tisch aufzustehen, fielen plötzlich die Heiligenbilder mit dem Öllämpchen zu Boden. Eine Frau, die im Haus war, sagte, dass sie sah, dass unbekannt woher - eine schwarze Katze auf ein Heiligenbild sprang und die anderen umwarf".

Wenn eine Hexe vor ihrem Tod ihren Verwandten sagt, dass sie nach dem Tod ab und zu, zu ihnen kommen wird, dann soll man die Hexe mit einem Espenpfahl an ihren Sarg anschlagen (dafür braucht man einen besonderen Espenpfahl, einen den man am Sonnabend vor Pfingsten abgeschlagen hatte), oder man soll den Sargdeckel an den Sarg mit einem üblichen Espenpfahl anschlagen, denn so kann man sich vor den Nachtbesuchen der Hexe retten.

Einige Menschen sagen, dass nur die geborenen Hexen ihre Särge nachts verlassen können. Die gelehrten Hexen stellen ihre böse Tätigkeit nach dem Tod ein. Andere behaupten, dass sowohl die geborenen als auch die gelehrten Hexen sich nach dem Tod in verschiedenen Gestalten zeigen.

„Ein Mensch hat nur eine Seele innen, aber die Hexen haben solche Geister in ihren Körpern, dass sie noch nach dem Tod existieren können".

„Als eine Hexe im Sterben lag, sagte sie ihrem Mann: „Du sollst nicht wieder heiraten. Jede Nacht komme ich und wasche die Wäsche unserer Kinder". Also, ist sie gestorben und wurde begraben. Und jede Nacht, als es dunkel wurde, kam sie nach Hause, wusch die Wäsche und half ihrem Mann im Haushalt. Als sie den ersten Hahnenschrei hörte, lief sie schnell in ihr Grab zurück. Die Nachbarn dieses Mannes sahen, dass seine gestorbene Frau ihn nachts besuchte".

Wenn die Hexen nachts aus ihren Gräbern herauskommen, kann man sehen, dass ein langer Mull hinter ihnen herschleift. Manchmal beißen die Hexen die Kinder tot, saugen das Blut aus den Kindern und fassen diejenigen Kinder, welche die Äpfel aus den fremden Gärten zu „Spas"[27] stehlen. Damit eine Hexe ihr Grab nicht mehr verlässt, soll man einen Geistlichen einladen. Der Geistliche liest einige Beschwörungen über dem Grab und dann graben die Menschen die Leiche der Hexe aus, legen diese mit dem Rücken nach oben und schlagen einen Espenpfahl in den Hinterkopf ein.

Eine verstorbene Hexe, die nach dem Tod nicht mit einem Espenpfahl angeschlagen und nicht beschworen wurde, kommt jede Nacht aus ihrem Grab heraus und geht nach Hause. Aber in dieser Zeit kann sie sich nicht in verschiedene Gestalten verwandeln. Sie besucht ihre Verwandten, um etwas zu essen zu erhalten. Wenn sie ins Haus tritt, weckt sie einen ihrer Verwandten auf und zwingt ihn, ihr etwas zu Essen zu geben. Wenn ihr etwas nicht gefällt, kann sie ihn auch heftig verprügeln. Die Hexe weckt immer nur ein und derselben Familienangehörigen, damit er sie bei Tisch bedient, die anderen lässt sie in Ruhe. Wenn dieser Mensch stirbt, hört sie auf, dieses Haus zu besuchen. Ein Mann erzählte: „Eine gestorbene Hexe kam nachts zu ihrem Mann, um etwas zu essen und als auch er gestorben war, kam sie um Mitternacht an ihr Haus und fing an zu weinen und zu schreien: „Ich bin erledigt! Ich kann nichts zu Essen haben und ich kann nicht hinein kommen!" Da hörte sie die Stimme ihres Sohnes: „Du sollst nicht kommen,

[27] Spas ist ein religiöses Fest, das man am 19. August begeht. An diesem Tag lässt man die Äpfel, die Birnen und den Honig in der Kirche weihen. Bis zu diesem Tag durften die Menschen keine Gartenfrucht essen: das war eine große Sünde. Als die Dorfbewohner aus der Kirche zurückkehrten, setzten sie sich an den Tisch, aßen die Äpfel mit dem Honig und tranken den Apfel- oder Traubenwein, um eine reiche Ernte zu haben. An diesem Tag betet man auch für die Toten. Nach dem Volksglauben, kommen die Toten zu diesem Fest aus ihren Gräbern heraus. Während des Sommers und des Frühjahrs zeigen sich die Toten drei mal: am Kardonnerstag, zu Grünen Weihnachten und zu Spas.

andernfalls vernichte ich dich". „Ich komme nicht wieder", antwortete die Hexe und verschwand. Von dieser Zeit an sah sie niemand mehr".

Damit eine gestorbene Hexe nicht ins Haus eintreten kann, soll man dieses Haus mit einem langen Tuch umwickeln, das ein zwölfjähriges Mädchen spann. „Eine verstorbene Hexe kam jede Nacht zu ihrer Schwiegertochter und diese Nachtbesuche waren natürlich unangenehm. Eines Nachts übernachtete ein Mann bei dieser Schwiegertochter. Er sah, dass die Hexe kam und die Frau quälte. Morgens sagte er dieser Frau: „Ich möchte mich bei dir bedanken, dass du mich für die Nacht hineingelassen hast, denn ich kann dich vor der Hexe retten". Die Frau war sehr froh und fragte den Mann, was sie machen sollte. Er befahl der Frau, sich ein langes Tuch zu verschaffen, das ein zwölfjähriges Mädchen spann und das Haus von außen mit diesem Tuch umzuwickeln. Als die Frau das machte, kam die Hexe noch drei mal, aber sie stand nur beim Haus und konnte nicht hineintreten. Sie ging einige Zeit ringsherum und sagte: „Sie hat das Haus auf solche Weise zugeschlossen, dass man kein Fenster und keine Tür finden kann. Nun habe ich wahrscheinlich keine Gelegenheit etwas zu essen". Seit dieser Zeit kam sie nicht wieder ".

Man sagt, dass wenn die Hexen (oder Vampire) in der Nacht aus den Särgen herauskommen, können sie nur dann in ein Haus eintreten, wenn man die Türe und die Fenster vor dem Schlafengehen nicht bekreuzigt hat. Nur dann kann eine Hexe hereinkommen und bittet ums Abendessen, aber wenn sie ein Kind findet, saugt sie das Blut aus dem Kind aus. Deshalb bekreuzigen die Bauern die Türe und die Fenster bevor sie ins Bett gehen, denn nur dann kann man sich vor den Hexen retten.

Die Vampire

Die Vampire[28] sind die bösen wandernden Toten, die zu ihren Lebzeiten Hexen, Werwölfe und verfluchte Menschen waren wie z.B. die Selbstmörder, die Ketzer, die Gottesleugner und die verdammten Kinder. Obwohl diese Bestimmung der Vampire sehr weit ist, nimmt sie nicht alles auf, was man unter diesem Wort versteht. Deshalb wenden wir uns an die Volkserzählungen.

Nach einigen Volkserzählungen ist ein Vampir ein Kind des Teufels (oder von einem Werwolf) und einer Hexe: deshalb sagt man, dass die Vampire und die Hexen blutsverwandt sind. Sie leben wie die üblichen Menschen, aber sie zeichnen sich von Menschen durch ihre Bosheit aus.

Nach anderen Volkserzählungen haben die Vampire nur ein Menschenäußeres und ihrem Innersten nach, sind sie die echten Teufel. Es gibt einen Volksglauben, dass die Vampire die Leichen der Hexen oder der Zauberer sind. In diesen Leichen befinden sich die bösen Geister und setzen die Leichen in Bewegung. Übrigens, kann jeder Mensch ein Vampir werden, wenn er mit dem Steppenwind umgeweht ist. In einigen Volkserzählungen unterscheiden sich die Vampire von den Menschen nicht durch ihr Äußeres. In anderen haben die Vampire ungewöhnlich rote Gesichter. In einigen Dörfern beschreibt man die besondere Art der Vampire, als die Kinder mit den großen Köpfen und langen Händen und Beinen. Man nennt diese Missgeburten auch ohne Knochen – „Odminy" (die Findelkinder), denn die bösen Geister setzen ihre eigenen hässlichen Kinder bei den Menschen aus und stehlen dafür die hübschen Menschenkinder.

In einigen Dörfern teilt man die Vampire auch in zwei „Gruppen": die lebendigen und die toten Vampire. Ein toter Vampir hat ein rotes Gesicht, er liegt im Sarg mit dem Gesicht nach unten und zersetzt sich nie. Ein lebendiger Vampir hat zwar auch ein rotes Gesicht, aber ist entweder ein alter oder ein junger Mensch und er hat einen ungewöhnlich starken Körper. Er hat einen solchen Körperbau, weil er den toten Vampir immer auf dem Rücken trägt, denn toter Vampir kann sich nicht selbst bewegen, er braucht die Hilfe des lebendigen Vampirs.

Nach anderem Volksglauben, liegen die toten Vampire am Tage mit blutbedeckten Gesichtern in ihren Särgen, als ob sie lebendig noch wären.

---

[28] Vom prähistorischen Vampirglauben einmal abgesehen, erscheint schon im Jahre 1047 erstmals in einem Dokument ein Verweis auf das Wort „Upir" (Vampir) das einen russischen Prinzen als „Upir Lichy" oder „Bösen Vampir" benennt. Im Jahre 1428/29 wird Vlad Tepes, der Sohn von Vlad Dracul geboren. Seit dem wird die Geschichte immer wieder kopiert und weiterverbreitet.

In der Nacht gehen sie aus den Gräbern heraus und wandern über die ganze Welt. Manchmal fliegen sie, oder sitzen auf den Grabkreuzen, machen Lärm, erschrecken die Menschen und jagen diesen nach. Sie sind sehr gefährlich, denn sie können in die Häuser eintreten, wo sie sich auf den schlafenden Menschen werfen und ihnen das Blut aussaugen. Die Vampire, wie auch die Hexen und andere böse Geister, können solange diesseits in der Nacht bleiben, bis sie den ersten Hahnenschrei hören.

Die Vampire-Odminy schaden den Menschen nicht. Sie können sich nicht bewegen, sie können nur sitzen und liegen. Manchmal bringen sie den Menschen Nutzen, da sie die Begabung für Prophezeiungen haben: sie sehen die Zukunft voraus und können prophezeien, was mit jemandem passieren wird. Diese Vampire sterben nie. Wenn sie beerdigt sind, erscheinen sie an anderen Orten und fangen wieder an, die Zukunft zu prophezeien. Wir haben eine Erzählung über einen dieser Vampire: „In einem Dorf wurde ein Junge ohne Knochen geboren (wir wissen nicht genau, ob er geboren oder ausgesetzt wurde). Er hatte einen großen Kopf und die langen dünnen Beine. Sein Gesicht und seine Augen waren sehr klug, als ob er ein erwachsener Mensch wäre. Er konnte sich nicht bewegen und saß immer mit Kissen umgelegt, auf dem Sofa. Als er sieben Jahre alt war, fing er an zu prophezeien. Er konnte nur morgens die Zukunft voraussagen und wenn jemand am Tage oder am Abend ihn besuchte, musste dieser bis nächsten Morgen auf die Antworten seiner Fragen warten. Seine Begabung fürs Hellsehen wurde auf folgende Weise bekannt: sein Vater hatte einen Bienenstand und sein Großvater bewachte ihn. Einmal vor dem Sonnenaufgang rief der Junge seinen Vater, denn er wollte den Vater aufwecken, damit er möglichst schnell an den Bienenstand ging, denn andernfalls, erklärte er, würden die Diebe den Großvater umbringen und den Honig stehlen. Zuerst wollte der Vater nicht dahin gehen, weil er nicht darauf vertraute. Endlich gehorchte er und ging an den Bienenstand und dort ertappte er wirklich zwei Diebe, die den Honig aus den Bienenstöcken stahlen. Daneben sah er seinen alten Vater, der gebunden worden war. Ab diesem Zeitpunkt fingen die Menschen an, auf die Prophezeiungen des Jungen zu vertrauen. In Kürze verbreitete sich die Nachricht über diesen Jungen in der ganzen Umgebung. Jeden Tag versammelten sich viele Menschen bei seinem Haus und alle wollten eine Prophezeiung über ihre Zukunft bekommen. Als der Junge zehn Jahre alt war, starb er. Die alten Dorfbewohner aber sagten, dass er nicht starb. Man beerdigte nur seinen Körper, und seine auferstandene Seele erschien dann in verschiedenen Orten um zu prophezeien. Die Alteingesessenen erzählten, dass sie einen Junge ohne Knochen und mit einem großen Kopf in einem Nachbardorf sahen, und das dieser Junge auch die Zukunft voraussagen konnte".

Man kann sich vor einem wandernden Vampir retten, aber dafür muss man seine Leiche ausgraben und seine Brust mit einem Espenpfahl durchschlagen. Aber manchmal hilft das nicht. Dann greift man zum entscheidenden Mittel: die Dorfbewohner verbrennen die Leichen der Vampire. Wenn ein lebendiger Mensch für einen Vampir gehalten wurde, dann soll er auf dem Lagerfeuer umkommen. In alten Zeiten, bei der Dürre oder bei der Pest, wurden die Hexen und die Vampire auf dem Lagerfeuer verbrannt. Damit ein Vampir den Menschen nicht schaden konnte, griff man zu verschiedenen symbolischen Mitteln: Man band dem Vampir die Augen mit dem Tuch zu und man füllte den Mund des Vampirs mit Boden, u.ä.

„In unserem Dorf wohnte ein reicher Mann, der hatte viel Geld und Grundeigentum. Etwas davon bekam er als Mitgift, als er heiratete; etwas davon bekam er als Geschenk von Peter dem Großen[29], aber der größte Teil seines Reichtums wurde zusammengeraubt. Trotzdem beschäftigte er sich manchmal auch mit Wohltätigkeiten, - so gab er Geld für den Bau eines Tempels und einmal verschenkte er Goldmünzen an Mönche, die zu ihm kamen, um für eine Spende für ihr Kloster zu bitten. Diese Mönche wanderten durch die Ukraine und sammelten Spenden und das Haus des Mannes wählten sie als Lagerraum, wo sie das gespendete Geld speicherten. Aber dieses Geld ließ dem Mann keine Ruhe, der Geiz und der Neid überwältigten ihn und er entschied, sich dieses Geld anzueignen. Er befahl seinen Dienern, die Mönche zu ertränken und das Geld zu ihm zu bringen. Aber einer dieser Mönche konnte sich retten und berichtete dem Bischof darüber. In Kürze traf der Bischof in der Ukraine ein: er wollte das gespen-

---

[29] Peter I. (Russland), *russischer Zar (*geb. 9. Juni 1672 in Moskau, gest. am 8. Februar 1725 in St. Petersburg), Beiname: *Peter der Große*. Er folgte 1682 seinem Bruder Fjodor III. als Zar, seit 1721 mit dem Titel "Kaiser aller Reußen". Er erlernte 1697-98 auf Auslandsreisen (Holland und England) den Schiffbau und studierte die westliche Zivilisation, die er nach seiner Rückkehr systematisch in Russland einzuführen begann. Er schuf eine europäisch geschulte Armee und Flotte und siegte im Nordischen Krieg 1700-1721 über Schweden (Karl XII.). Dadurch begründete er die russische Vormachtstellung im Nordosten Europas mit dem neu errichteten Mittelpunkt Petersburg (1703). Er ist verantwortlich für umwälzende Reformen im Innern (Merkantilpolitik) und nach Außen (Anschluss an den Westen, Gründung von Druckereien, Europäisierung der Mode, Errichtung von Schulen, Einsetzung eines Senats und von 10 Kollegien als oberste Regierungsinstanzen, Abschaffung des Patriarchats von Moskau und Bildung des unter seiner Hoheit stehenden Heiligen Synods (Rechtsanspruch des Herrschers, selbst seinen Nachfolger zu ernennen), Gründung der Akademie der Wissenschaften in Petersburg) territoriale Gewinne: Livland, Karelien, Estland, Ingermanland, Provinzen Gilan, Mansanderan, Astrachan am Kaspischen Meer. Sein Ruhm jedoch wird überschattet von despotischen Grausamkeiten (Folterung und Hinrichtung seines eigenen Sohnes Alexej 1718).

dete Geld zurückerhalten. Aber dieser Mann bekannte sich nicht schuldig, und deshalb gab es auch kein Geld zurück. Da verhängte der Bischof einen Schwur über diesen Mann: „Der Gott nimmt ihn nicht auf, denn er, der die unschuldigen Seelen zugrunde richtete und das Kirchengeld gestohlen hat und all sein Reichtum, den er unehrlich bekam, verschwindet, wie das Wachs vor dem Feuer schmilzt und seine Verwandten quälen sich bis auf den Tod ab". In kurzer Zeit verstarb dieser Mann, seine Söhne beerdigten ihn und nach der Beerdigung fing etwas Schreckliches an, zu geschehen. Nach dem Sonnenuntergang, als es dunkel wurde, kam der tote Mann aus seinem Grab heraus. Er hatte den langen Bart und die roten Augen und diese sahen so aus, als ob in diesen Augen das Höllenfeuer brennen würde. Er warf die Flamme aus seinem Mund, in der linken Hand hielt er ein Messer. So ging er über das Dorf die ganze Nacht, bis er den ersten Hahnenschrei hörte und dann stieß er einen schrecklichen Schrei aus und kam in sein Grab zurück. Die Söhne wussten nicht, was sie machen konnten und entschieden sich, den Bischof einzuladen. Als der Bischof kam, gruben die Söhne den Sarg ihres Vaters aus. Ihr Vater lag im Sarg, als ob er lebendig wäre, ungewöhnlich waren nur die langen Nägel und der lange Bart. Die Söhne nahmen einen Espenpfahl und schlugen die Brust ihres Vaters durch, dann las der Bischof ein Gebet und eine Beschwörung, damit der Tote nicht wieder aus seinem Grab herauskommen konnte. Die Dorfbewohner sagten, dass sie um Mitternacht ab und zu, ein schreckliches Stöhnen aus seinem Grab hörten, - als ob ein Toter sich schwer quälen würde".

In einigen Dörfern sagt man, dass die Vampire, wie auch die Hexen, geboren und gelehrt sein können. Einen geborenen Vampir kann man leicht an folgenden Unterscheidungsmerkmalen erkennen: er hat ungewöhnliche Geschlechtsorgane, deshalb ist er unfruchtbar und kinderlos. Er hat das rote Gesicht und er hat auch einen kleinen Schwanz und an dem Schwanz gibt es vier Härchen. Ein Vampir hat zwei Seelen und wenn er stirbt, verlässt seinen Körper nur eine Seele, und die andere bleibt bei ihm. Deshalb kann er über die Welt wandern und wie ein lebendiger Mensch aussehen. Unter einem Knie oder am Rücken hat er eine Beule und unter dieser Beule gibt es ein Loch, durch dieses geht die Seele des Vampirs heraus.

Die gelehrten Vampire können auf folgende Weise entstehen: man soll das Blut eines Mannes nehmen, der vor dem Schlafengehen nicht zu Gott gebetet hat und mit diesem Blut ein kleines Kind bestreichen. Dieses Kind wird dann ein gelehrter Vampir.

Die Vampire dürfen sieben Jahre lang nach ihrem Tod im Diesseits bleiben. Manchmal, wenn sie aus ihren Gräbern herausgehen, singen sie, springen und klatschen in die Hände. Wenn ein Mensch um Mitternacht auf den Friedhof gehen würde, könnte er die Vampire sehen. Wenn ein Vampir stirbt, beginnt es in Strömen zu regnen. Normalerweise liegt ein Vampir in seinem Sarg mit dem Gesicht nach unten. Wenn ein Vampir seinen Sarg in der Nacht verlässt, kann er entweder zu Fuß gehen oder auf einem Pferd reiten. Er kann sich auch verwandeln. Manchmal zeigt er sich in Gestalt von einem Hund. Er wirft sich auf einen Mensch und befiehlt ihm, ihn irgendwohin zu bringen, und er nimmt auch die Gestalt von weißen Hunden und Katzen an. Um sich von einem Vampir zu retten, soll man ihn ausgraben, seinen Körper in mehrere Teile zerschneiden und in seinen Kopf einen Espenpfahl einschlagen: dann kann er nicht wieder aus seinem Grab herausgehen.

Die Werwölfe

In der Ukraine unterscheidet man zwei Arten von Werwölfen: die Zauberer, die diese Tiergestalt annehmen können, und die Menschen, die durch die Zauberei in die Wölfe verwandelt worden sind.

Die Zauberer verwandeln sich in der Nacht in die Wölfe und laufen in den Wäldern umher.

Die verwandelten menschlichen Werwölfe sind mehr leidende als bösartige Wesen. Sie wohnen in Höhlen, laufen suchend in den Wäldern umher, sie heulen wie die Wölfe, aber sie behalten dabei ihren Menschenverstand.

Nach dem Volksglauben, wirft, wenn ein Zauberer (oder eine Hexe) jemand in einen Wolf verwandeln will, er einem Mensch den Wolfspelz um die Schultern und sagt einen Zauberspruch. Um einen Hochzeitszug in ein Rudel Wölfe zu verwandeln, nimmt ein Zauberer soviel Gürtel und Lindenbaste, soviel Menschen sich im Hochzeitszug befinden und gibt den Gürteln und Lindenbasten die Zauberkraft. Dann gürtet der Zauberer jeden Menschen um und ein umgürteter Mensch wird sofort ein Werwolf. Man sagt, dass ein Zauberer manchmal einen verzauberten Gürtel unter die Türschwelle legt und wer dann diesen Gürtel übertritt, der verwandelt sich in einen Werwolf. Wenn ein Zauberer (oder eine Hexe) selbst die Gestalt eines Wolfes annehmen will, wirft er sich einen Ring um, den er aus Lindenbast verfertigt hat und schlägt dabei Purzelbäume. Es ist selbstverständlich, dass der Hauptsinn und die Zauberkraft in verschiedenen Zaubersprüchen und Beschwörungswörtern liegen. Die Menschen, die in Werwölfe verwandelt worden sind, werden solange in der Gestalt von Wölfen bleiben, bis der Zaubergürtel (womit er umgürtet ist oder der unter einer Türschwelle liegt), reißt oder sich durchreibt.

Übrigens gibt es eine Weise, die hilft, einem Werwolf sein Menschenäußeres zurückgeben. Ein Mensch, der einen Werwolf retten will, soll seinen Gürtel nehmen und einige Knoten an diesen machen und jedes mal, wenn er einen Knoten macht, soll er sagen: „Herr, erbarme Dich unser!", dann soll er dem Werwolf diesen Gürtel umbinden. Man sagt, dass der Wolfspelz danach reißt und abfällt und vor dem Retter erscheint wieder der Mensch.

Die obengenannten Weisen, welche die Zauberer benutzen, um die Menschen in die Wölfe zu verwandeln, sind sehr leicht und führen manchmal nicht zu dem erwünschten Ziel. Ab und zu gelinget es einem Zauberer nicht, einem Mensch den Wolfspelz umzuwerfen oder ihm den Zaubergürtel umzubinden. Die Zauberer können die Menschen auch durch verschiedene Zaubertränke und Zaubersprüche in Werwölfe verwandeln: das kann sogar in Abwesenheit der verhexenden Person erfolgen. Gegen solche Verhexungen muss man dann auch Zaubersprüche und Zaubertränke benutzen.

Die Kurpfuscher, die solche Zaubersprüche kennen, können nicht nur einem Werwolf helfen und ihn sein Menschenäußeres zurückgeben, sondern auch die Wirkung der Verhexungen verhüten. Dabei benutzt er die behütenden Zaubersprüche. Die Dorfbewohner vertrauen auf die Kraft dieser Zaubersprüche und deshalb glauben sie, dass jeder Mensch diese Zaubersprüche anwenden kann. Z.B. auch ein Brautführer kann einen behütenden Zauberspruch aussprechen, wenn er den Hochzeitszug wirksam schützen will.

Hier schlagen wir Ihnen einige von diesen Zaubersprüchen vor: „Ich stelle mich auf den Gusseisenboden, ich bedecke mich mit dem Eisenhimmel, ich schließe alle Türen mit vielen Schlüsseln und dann werfe ich diese Schlüssel ins Ozean-Meer. Und wer das Wasser aus dem Ozean austrinken kann und alle Sandkörner sammeln kann, der einen Knecht Gottes (der Name des/der Neuvermählten) verzehren kann".

Das ist ein sogenannter spezieller Zauberspruch, üblicherweise fügt man noch einen Zauberspruch hinzu, den man normalerweise bei Krankheiten benutzt: „Hier sollst du nicht sein, die Knochen nicht brechen, das Blut nicht trinken, das Herzen nicht essen: gehe aus den inneren Organen, aus den Sehnen, aus den Blutgefässen und aus den Nägeln weg: gehe in den dichten Wald: da steht die Sonne nicht auf und die christliche Stimme ist nicht gehört".

Diesen Zauberspruch liest ein Brautführer, bevor der Bräutigam die Braut abholt: „Ich spanne die Hexenpferde vor den Wagen, ich zäume die Hexenpferde mit den Nattern auf, ich treibe die Hexenpferde mit einer Schlange. Wer das verzehren kann, der die bekreuzigten Knechte Gottes: die junge Braut, den jungen Bräutigam und den Hochzeitszug verzehren kann".

„Zwischen drei Wegen, zwischen drei Feldern liegt der Mann Nykin: er ist ohne Hände, ohne Beine, ohne Augen, ohne Schultern und er ist sprachlos. Wie dieser Mann Nykin nichts machen kann, so soll niemand einem getauften Knecht (der Name des Brautführers) und dem jungen Bräutigam und der jungen Braut und dem Hochzeitszug Böses tun. Immer und in ewigen Zeiten. Amen". Diese Zaubersprüche benutzt man, um die Neuvermählten und den Hochzeitszug zu hüten, dann kann kein Zauberer und keine Hexe diese in Werwölfe verwandeln.

Aber wenn das Unglück schon passiert ist und wenn der Hochzeitszug schon in ein Rudel Wölfe verwandelt wurde, dann braucht man die Hilfe eines erfahrenen Kurpfuschers. Ein Kurpfuscher erzählte: „Wenn Sie das Rudel Wölfe sehen und wenn einer von den Wölfen einen weißen Haarstreifen am Rücken hat, sollen Sie ein Heiligenbild, ein Handtuch, eine Wachskerze und einen Brotlaib nehmen und den Wölfen entgegengehen. Wenn Sie sich den Wölfen nähern, legen Sie das Handtuch auf den Boden, stellen aufs Handtuch das Heiligenbild, den Brotlaib und die Kerze und dann zünden Sie die Kerze an. Neben das Handtuch stechen Sie ein Messer in den Boden ein. Dann sollen Sie sagen: „Wir bitten zu unserer Bewirtung und zu unserem Heiligenbild. Herr, erbarme Dich unser. Und würde der Herr deinen Körper durch seine Gebete und durch die Heiligen Geister retten". Dann kommt der erste Wolf, beschnuppert alles, was auf das Handtuch gestellt wurde, schlägt einen Purzelbaum über dem Messer und nimmt seine übliche Gestalt an und das gleiche machen alle andere Wölfe".

Es gibt auch verschiedene Erzählungen über das Essen der Werwölfe. In einigen Erzählungen finden wir, dass die Werwölfe die Sachen belecken, die die Menschen berührten. Einige Menschen sagen, dass die Werwölfe die Brotscheiben und die Brotkrume, die die Hirten im Feld gelassen haben, sammeln und essen. Ein Junge erzählte uns, dass als er die Kühe neben dem Wald hütete, als er einen Reiter sah der fragte, ob er einen Wolf gesehen hat. Der Junge antwortete, dass er einen Wolf sah. Da gab der Reiter ihm einen geweihten Brotlaib und bat, diesen Brotlaib dem Wolf zu geben. Der Reiter sagte, dass der Junge keine Angst vor dem Wolf haben soll, denn er war kein Wolf, er war nur ein Werwolf, ein Bräutigam, den man in einen Wolf verwandelt hatte. Der Reiter erzählte, dass diesem Bräutigam einen Zaubergürtel umgebunden wurde, und der Junge sollte diesen Gürtel zerreißen, während der Werwolf das Brot ass.

Aus vorgeschlagenen Erzählungen können wir folgende Konsequenzen ziehen: die Menschen, die gewaltsam in Wölfe verwandelt wurden, sind sehr unglücklich und verdienen unser Mitgefühl. Die Hexen und die Zauberer, die sich freiwillig verwandeln, leiden nicht und ziehen aus dieser Verwandlung Nutzen, um ihre Zwecke zu erreichen.